ジェームズ・J・ヘックマン［著］
JAMES J. HECKMAN
大竹文雄［解説］
古草秀子［訳］

幼児教育の経済学

GIVING KIDS A FAIR CHANCE

東洋経済新報社

人生をつねに支えてくれる

わが妻リン・キャロル・ペトラー・ヘックマンに

本書を捧げる

Original Title:
Giving Kids a Fair Chance
by James J. Heckman

Contents

GIVING KIDS A FAIR CHANCE

幼児教育の経済学

パート I

子供たちに公平なチャンスを与える

――ジェームズ・J・ヘックマン

パート
Ⅱ

各分野の専門家によるコメント

職業訓練プログラムも成果を発揮する
カリフォルニア大学ロサンゼルス校大学院教育・情報学部教授 マイク・ローズ 46

幼少期の教育は母親の人生も改善する
ジョージタウン大学法律センター法学および哲学教授 ロビン・ウェスト 52

幼少期の教育的介入に否定的な報告もある
アメリカンエンタープライズ研究所W・H・ブレイディ研究員 チャールズ・マレー 58

目次

「思春期の子供への介入も重要だ」
スタンフォード大学心理学教授　キャロル・S・ドウェック
63

「質の違いよりすべての子がプログラムを受けられることが大事」
ハーヴァード大学教育学部大学院教育学および経済学准教授　デヴィッド・デミング
68

「ペリー就学前プロジェクトの成果は比較的小さい」
ケイトー研究所教育的自由センター副所長　ニール・マクラスキー
73

「学業成績や収入は大事だが、人生のすべてではない」
ペンシルヴェニア大学社会学教授　アネット・ラロー
79

良いプログラムは何が違うのかを研究し続ける必要がある
ワシントンDCのチャータースクール教師　ルラック・アルマゴール　84

恵まれない人々の文化的価値観に配慮した介入を
オックスフォード大学ベリオールカレッジ政治学講師　アダム・スウィフト
ウィスコンシン大学マディソン校哲学教授　ハリー・ブリグハウス　90

就学前の親への教育と「考え方を変えること」が子供たちを救う
ハーレム・チルドレンズ・ゾーンの創設者、代表者　ジェフリー・カナダ　96

パートⅢ
ライフサイクルを支援する
——ジェームズ・J・ヘックマン　101

解説

就学前教育の重要性と日本における本書の意義

――大竹文雄（大阪大学大学院経済学研究科教授）

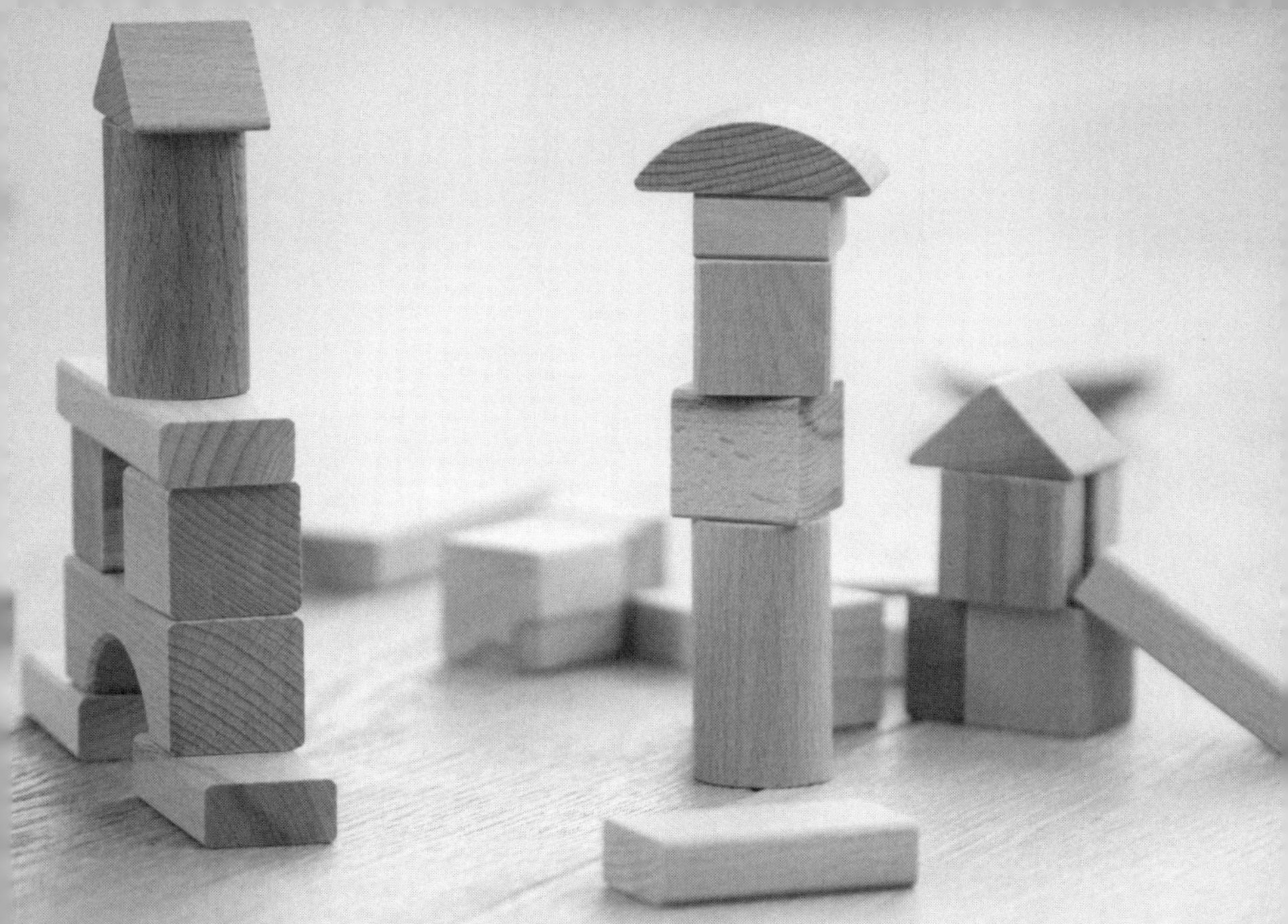

パート I

子供たちに
公平なチャンスを与える

ジェームズ・J・ヘックマン

今日のアメリカでは、どんな環境に生まれあわせるかが不平等の主要な原因の一つになっている。アメリカ社会は専門的な技術を持つ人と持たない人とに両極化されており、両者の相違は乳幼児期の体験に根差している。恵まれない環境に生まれた子供は、技術を持たない人間に成長して、生涯賃金が低く、病気や十代の妊娠や犯罪など個人的・社会的なさまざまな問題に直面するリスクが非常に高い。機会均等を声高に訴えながら、私たちは生まれが運命を決める社会に生きているのだ。

生まれあわせた環境が人生にもたらす強力な影響は、恵まれない家庭に生まれた者にとって悪である。そして、アメリカ社会全体にとっても悪である。数多くの市民から社会に貢献する可能性を奪っているのだ。

これは是正することができる。適切な社会政策を施せば、技能労働者と単純労働者との両極化を阻止できるのだ。だが、適切な政策は入手可能な最善の科学的証拠によって情報を与えられなければならない。そのためには、代替となる政策の利益だけでなく、費用にも細心の注意を払う必要がある。証拠を入念に検討したところ、社会政策策定のための三つの大きな教訓が示唆される。

第一に、人生で成功するかどうかは、認知的スキルだけでは決まらない。非認知的な要素、すなわち肉体的・精神的健康や、根気強さ、注意深さ、意欲、自信といった社会的・情動的性質もまた欠かせない。ＩＱテストや学力検査やＯＥＣＤ生徒学習到達度調査（ＰＩＳＡ）によるテストなどによって測定される、認知的スキルばかりが注目されがちだが、じつは非認知的な性質もまた社会的成功に貢献しており、それどころか、認知的な到達度を測定するために使われる学力テストの成績にも影響する。

第二に、認知的スキルも社会的・情動的スキルも幼少期に発達し、その発達は家庭環境によって左右される。ところが、アメリカでは過去四〇年間にわたって家庭環境が悪化してきた。恵まれない家庭に生まれることが、子供たちに格差をもたらしている。そこでは生活の質がもっとも基本的な問題であり、両親がそろっているかどうかや、親の収入や学歴といった要素は二次的なものだ。そして、そうした家庭環境は世代を超えて蓄積される傾向がある。

第三に、幼少期の介入に力を注ぐ公共政策によって、問題を改善することが可能だ。人間のすべては遺伝子で決まるという考え方に反して、恵まれない家庭に生まれた子供に幼い時期から手をかけることによって、はっきりした永続的な効果をもたらすことができることが、研究によって証明されている。この研究結果は、支えてくれる家庭環境の欠落が子供時代や成人してからの人生に有害な影響をもたらすことを示す、非実験的な膨大な証拠と一致している。幼少期の教育に介入することによって、認知的スキルだけでなく社会的・情緒的スキルをも向上させることができる。学校教育を推進し、犯罪率を低下させ、労働者の生産効率を向上させ、十代での妊娠を少なくできるのだ。さらに、生徒と教師の比率見直し、職業訓練、犯罪者更生プログラム、成人に読み書きを教える成人教育プログラム、授業料減免、警察にかかる費用など、従来の公共政策で議論の焦点となってきた成長後の対策よりも経済的・社会的影響がはるかに大きい。それればかりか、早い時期に対策を実施すれば、成長後の対策の効果を大きく高められる。技術は技術をもたらし、意欲は意欲をもたらすのだ。

要するに、個人の成功を実現することはもとより、機会均等化を進め、経済を発展させ、より健康な社会を築くためには、社会政策を大きく変化させる必要がある。早い時期の対策と、それによって得られた効果を強化するために設計された成長後の対策とが重要なのだ（オバマ政権は「頂上へのレース」プログラム［訳注：全米五〇州を対象に、教員の質と生徒の成績を上げるためのもっとも革新的な計画を提案した州にのみ補助金を与える教育政策］で幼児教育への予算を増額したものの、各自治体の予算削減によって就学前教育の予算は全国的に危機に瀕している）。また、対策は認知能力だけでなく、社会的・情動的スキルを伸ばすものであるべきだ。

両極化

二〇世紀の前半には、アメリカ人が高校を卒業する可能性は、親の世代よりも子供の世代のほうが高かった。こうした高校教育における上昇傾向は、労働者の生産性を高め、アメリカの経済成長にエネルギーを提供した。

過去三〇年間にこの長期的傾向が反転し、とくに男性で高校卒業率の低下が著しい。きちんとした統計によれば、アメリカ人の高校卒業率は低下している。同時期に、高校卒業者の実質賃金は高校中退者の実質賃金よりも増加した。このように賃金に開きが生じることは、高校を卒業することの経済的動機を強化してきた。したがって、高校卒業率の低下は驚くべき現象であり、問題をもたらすものである。

こうした傾向について、教育や政治の場で議論されることはめったにない。それどころか、全米教育統計センターが発表した数字によれば、スキルの需要が増大することに対応して、高校を卒業し、さらには大学へ進学、卒業する生徒の数が増えていると示唆されている。公式な高校卒業率とされている数字によれば、現在ではアメリカの高校生の八八パーセントが卒業し、過去四〇年間で黒人生徒の卒業率は非ヒスパニック系白人生徒の卒業率にかぎりなく近づいてきた。

この数字は正しく解釈されていないものだ。最大の問題は、一般教育修了検定（ＧＥＤ）の合格者を高校卒業者として勘定に入れている点だ。高校を卒業しなくても、ＧＥＤに合格すれば、高校課程を修了した者と同等以上の学力を有すると認定される。最近では、高等学校卒業資格者のうち一二パーセントがＧＥＤによる資格取得者で占められている。だが、ある奨学金給付組織によれば、アメリカの労働市場におけるＧＥＤ合格者の収益力は、ＧＥＤ資格を持たない高校中退者と同程度であるという。したがって、ＧＥＤ合格者を高校卒業率に含めることが、アメリカ社会の重要問題を隠してしまっているのだ。たとえば、公的な数字ではかなりな割合の人種的集中が報告されているが、これは黒人男性が服役中にGEDを取得することによる。(1) だが、出所後の彼らはGEDを取得していない前科者と同程度の収入しか得られない。さらに、GEDの取得は再犯率を低下させない。

高校卒業者集団からGED取得者を除外し、アメリカ生まれの子供たちだけで見てみるとどうなるだろう？　そうすると、高校教育を修了しない率が上昇するのだ。じつのところ、高校卒業率が一番高かったのは一九七〇年代はじめの約八〇パーセントで、それ以降、四パーセントから五パーセント低下した。(2) 現在では、アフリカ系とヒスパニック系の生徒の約六五パーセントが卒業証書を持たずに高校を去り、この中退率は非ヒスパニック系の白人と比較してかなり高い。公式の統計に基づいた主張とは裏腹に、過去三五年間の社会的少数派の男性の卒業率は、社会的多数派の男性の卒業率に近づいていない。さらに、公的統計から服役中のGED取得者を除くと、報告された男性の高校卒業率はかなり上方へのバイアスがかかっている。

では、大学進学者数はどうだろう？　男性の大学進学率が低下していることを懸念する声は多い。この現象は事実だ。だが、その主要な原因は、高校卒業者の大学進学率の成長が鈍化していることではない。大学進学者数の増加率は伸び悩んではいるものの、全体的な大学進学率の低下ほど著しくはない。大学進学者数の増加率が低迷している主要な原因は、高校卒業率が低下していることで、とくに男性でその傾向が著しい。一九七〇年以降の高校卒業率（一九五〇年より後に生まれた人々を対象とする）の低下が大学進学者数と修了者数を減らし、スキルに対する経済的見返りが上昇しているにもかかわらず、アメリカの労働力のスキル・レベルの成長を鈍らせてきた。

高校卒業率におけるこうした傾向は、アメリカ生まれの人々についてのものだ。なんのスキルも持たずにやってくる移民たちは、アメリカ全体で単純労働者の割合を増やし、それによって労働者の生産性の向上を妨げるとともに、社会の不平等をもたらしている。

高校中退率が増加し、スキルのない移民が流入するとともに、アメリカでは低スキルの人々が増加した。国際成人リテラシー調査［訳注：一六歳から六五歳の成人を対象にした、識字に関する調査］における、一九九〇年代終わりのアメリカの労働者の成績を考えてみよう。レベル1に相当する人は、医者の処方箋に書かれた指示を理解できない。アメリカの労働者の二〇パーセント以上がこの基本的能力を有していないのだ。

このような逆行傾向が生じた原因は、いったいなんだろう？　公立学校の責任か？　学校改革を実施すれば問題は解決するのか？　学費の上昇が高校を中退する要因になっているのか？　そうした世間一般の意見に反して、本当の問題は人生のもっと早いところにある。幼いころの経験だ。そして、現状を改善する対策はそこにある。

認知力を超えるもの

アメリカの最近の公教育は、認知力テストの結果、つまりは「どれほど賢いか」を重要視している。たとえば、〈落ちこぼれを作らないための初等中等教育法〉は、到達度テストの点数で学業を評価する。だが、最近の文献の一致した意見は、人生における成功は賢さ以上の要素に左右されるとしている。意欲や、長期的計画を実行する能力、他人との協働に必要な社会的・感情的制御といった、非認知能力もまた、賃金や就労、労働経験年数、大学進学、十代の妊娠、危険な活動への従事、健康管理、犯罪率などに大きく影響する。

これについても、GEDプログラムが説得力のある証拠を提供している。GEDの合否は学力を測るのには役立つ。すなわち、GED合格者の学力テストの点数は、高校を卒業したが大学へ進学しない生徒の点数と同程度である。また、GED合格者の賃金は高校中退者と同程度だ。GED合格者は、一般の高校卒業者と同じくらい「賢い」けれど、非認知的スキルに欠けている。彼らはまた、一般の高校卒業者よりも仕事を辞める確率が高い。さらに、離婚率も高い。(3) 軍隊はこうした違いを認識して、兵士の採用にあたっている。GED合格者は一般の高校卒業者よりも除隊率がはるかに高いからだ。

非認知的スキルの重要性を示す証拠は他にもある。

認知的スキルも非認知的スキルも、多くの社会的成果を予測する。それぞれが一パーセント上昇することは、全般的な能力の向上にほぼ同等の効果をもたらす。認知的・非認知的スキルのレベルが低い人は、投獄される可能性が高い。いずれかのスキルを上昇させれば、十代で妊娠する確率が下がる。最底辺の一割を見ると、認知力を向上させるよりも非認知能力を向上させるほうが、投獄される率を低下させる。認知的スキルと非認知的スキルについては、高校や大学の卒業や喫煙習慣や生涯賃金においても、同じようなパターンが見られる。

幼少期の重要性

人生の好機を得るために重要な役割を果たす認知・非認知能力の格差は、どの社会経済的集団でも非常に早くから開く。子供たちの認知・非認知能力がどのようにして生じ、社会的背景によって階層化されるかを考えてみよう。

私たちの研究では、子供が一八歳の時点での認知的到達度――大学へ進学するかどうかの強力な予測因子――を母親の学歴別にまとめたところ、子供が小学校へ入学する六歳の時点ですでに格差が明白だった。アメリカの学校教育は平等ではなく、テストの点数の格差を軽減したり増幅したりするほどの大きな役割は果たしていない（図1を参照）。

社会性と情動のスキルでも、同じようなパターンが見られる。これらのスキルの発達を測る尺度は「反社会的傾向スコア」と呼ばれる、行動上の問題に関する尺度である。ここでも、格差は早期に開き、長年にわたって継続する。また、学校教育はこのパターンに大

図1　母親の学歴と子供の認知スコア

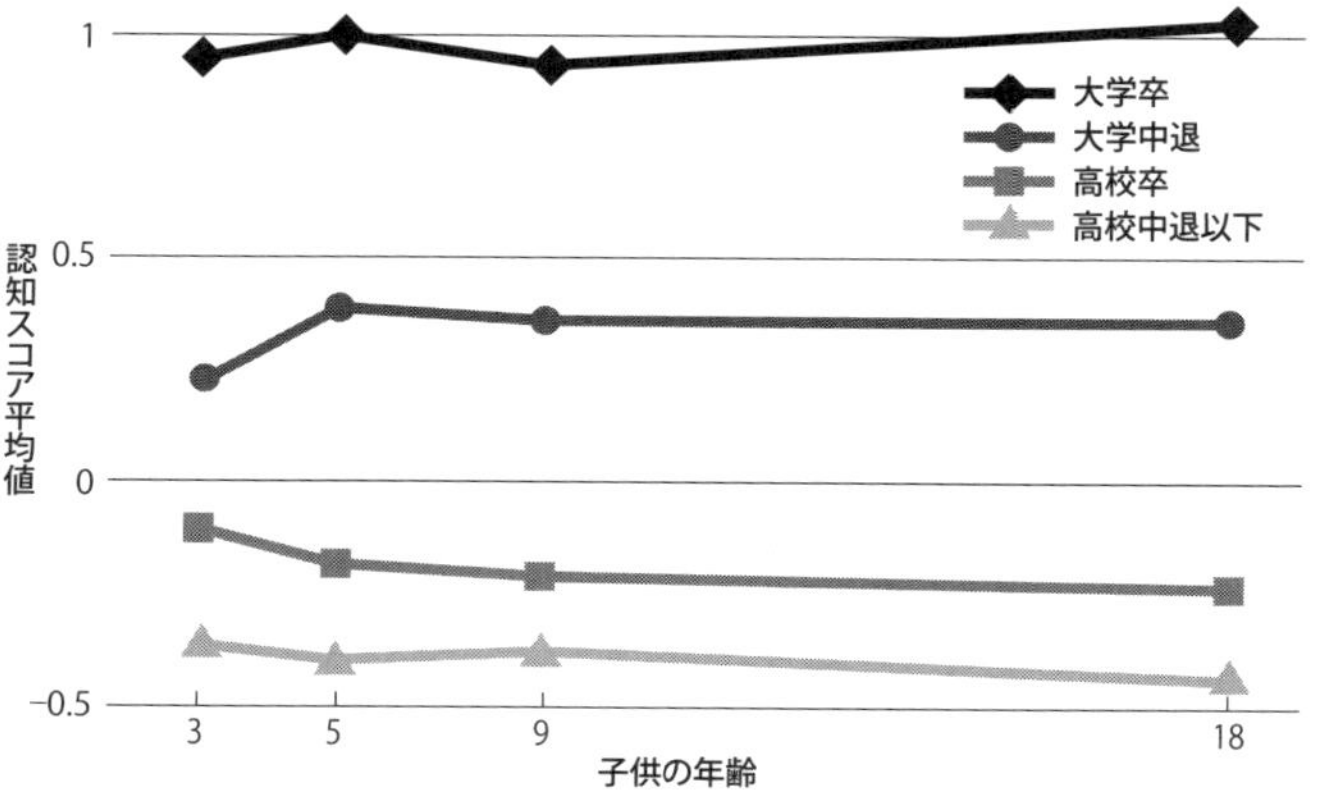

（注）すべての観測値を使用し、データの欠損はランダムに生じたと仮定する
（出所）Jeanne Brooks-Gunn, et al., "A Reanalysis of the IHDP Program." Infant Health and Dvelopment Program, Northwestern University, 2006

きく影響しない。

こうした早期的かつ継続的な能力の違いは、どうして生じるのか？　その理由はおもに遺伝子にあると考える人々もいる。リチャード・ハーンスタインとチャールズ・マレーは著書『ベル曲線』（*The Bell Curve*）で、思春期の学習到達度試験スコアを遺伝子の違いにさかのぼって分析した。もし遺伝学の優位性が正しければ、私たちは干渉の効力について懐疑的になるべきだろう。

だが、そうした試験の成績が、じつは部分的には学校教育や家庭環境によってもたらされたものであることがあきらかにされた。もっと大ざっぱに言えば、環境因子が遺伝子に与える影響に関するエピジェネティクス〔訳注：DNAの塩基配列の違いによらない遺伝子発現の多様性を生み出す仕組みおよびその学術分野〕の研究によって、不平等の根源に関する『ベル曲線』やその他の議論の基盤となる、遺伝子か環境かという考え方が時代遅れであるとわかってきたのだ（社会科学でよく登場する、「生まれ」か「育ち」かという議論にも同じことが言える）。最近では多くの文献が、遺伝子と環境との相互作用が人間や動物の発達を説明する中心部分だろうと主張している。たとえば、神経科学者のアヴシャロム・カスピらは、反社会的行動や犯罪率の高さと関連するモノアミンオキシダーゼA遺伝子のように、一個の遺伝子の欠落による悪影響が、虐待を受けるような厳しい環境で育つことによって引き金をひかれることをあきらかにした。遺伝学者のマリオ・フラガらは、同一の遺伝子を持って生まれる一卵性双生児を対象にした研究で、生活習慣や環境が遺伝子の発現に影響をもたらすことを示した。そうした生活習慣や環境は人々の皮膚の下に入りこみ、長期的な影響をもたらすのだ。関連した研究では、孤独が健康に中程度の悪影響をもたらす遺伝子の発現を起こし、環境はＩＱの遺伝率を決定するうえで重要な役割を示すとされた。

こうした遺伝子と環境の相互作用がもたらす影響の詳細については、まださまざまな議論がある。だが、遺伝子がすべてを決めるという考え方はすたれつつあり、子供が育つ社会的環境、とくに家庭に目を向けることが必要とされてきている。

アメリカの子供が貧困家庭に生まれる率は以前よりも高くなっているので、能力格差を説明するうえでの家庭環境の重要性は大きな懸念材料である。そして、恵まれない環境で生まれ育つ子供が、中流以上の階級の子供が受けるような豊かな幼児教育を受けられないというのは純然たる事実だ。

ひとり親家庭で育つ子供の割合は劇的に増加しており、その主要な原因は未婚のまま子供を持つ母親が著しく増えていることにある。未婚の母親を持つ五歳以下のすべての子供の割合は、学校教育から脱落した女性を母親として生まれた子供の三五パーセント以上にのぼっている。この傾向はとくにアフリカ系アメリカ人で顕著である。高学歴女性を母親に持つ子供と低学歴女性を母親に持つ子供との環境格差が生まれている。

高学歴な女性の就労率は、低学歴な女性の場合よりもはるかに高い。同時に、広範囲な調査研究によれば、大卒の母親は低学歴な母親よりも育児に多くの時間を割き、とくに情操教育に熱心だ。彼女たちはわが子への読み聞かせにより多くの時間をかけ、一緒にテレビを観る時間はより少ない。教育程度の高い女性が未婚で子供を産む率は一〇パーセント未満だ。彼女たちは結婚も出産も比較的遅く、教育を修了することを優先する傾向が強い。自分自身の収入も配偶者の収入も安定している。子供の数が少ない。こういった要素がはるかにゆたかな子育て環境をもたらし、それが子供の語彙や知的能力に劇的な違いをもたらす。両親が安定した結婚生活を営んでいる子供には恩恵がとくに明白で、子育ての質においての、持つ者と持たざる者との格差は、過去三〇年間に拡大した。高学歴の女性を母親として、安定した結婚生活を営む家庭に生まれ育つ子供は、そうでない子供よりも著しく有利だ。要するに、高学歴な母親ほど仕事を持ち、安定した結婚生活を営み、わが子の教育に熱心だということだ。

社会学者のサラ・マクラナハンによれば、どんな家庭に生まれるかによって子供は「運命の分かれ道」に直面するという。恵まれた家庭に生まれた子供は、経済的にも認知能力的にも有利な環境を得られる可能性が高く、恵まれない家庭に生まれた子供は得られる可

図2　逆境的小児期体験（ACE）が成人後にもたらす健康問題

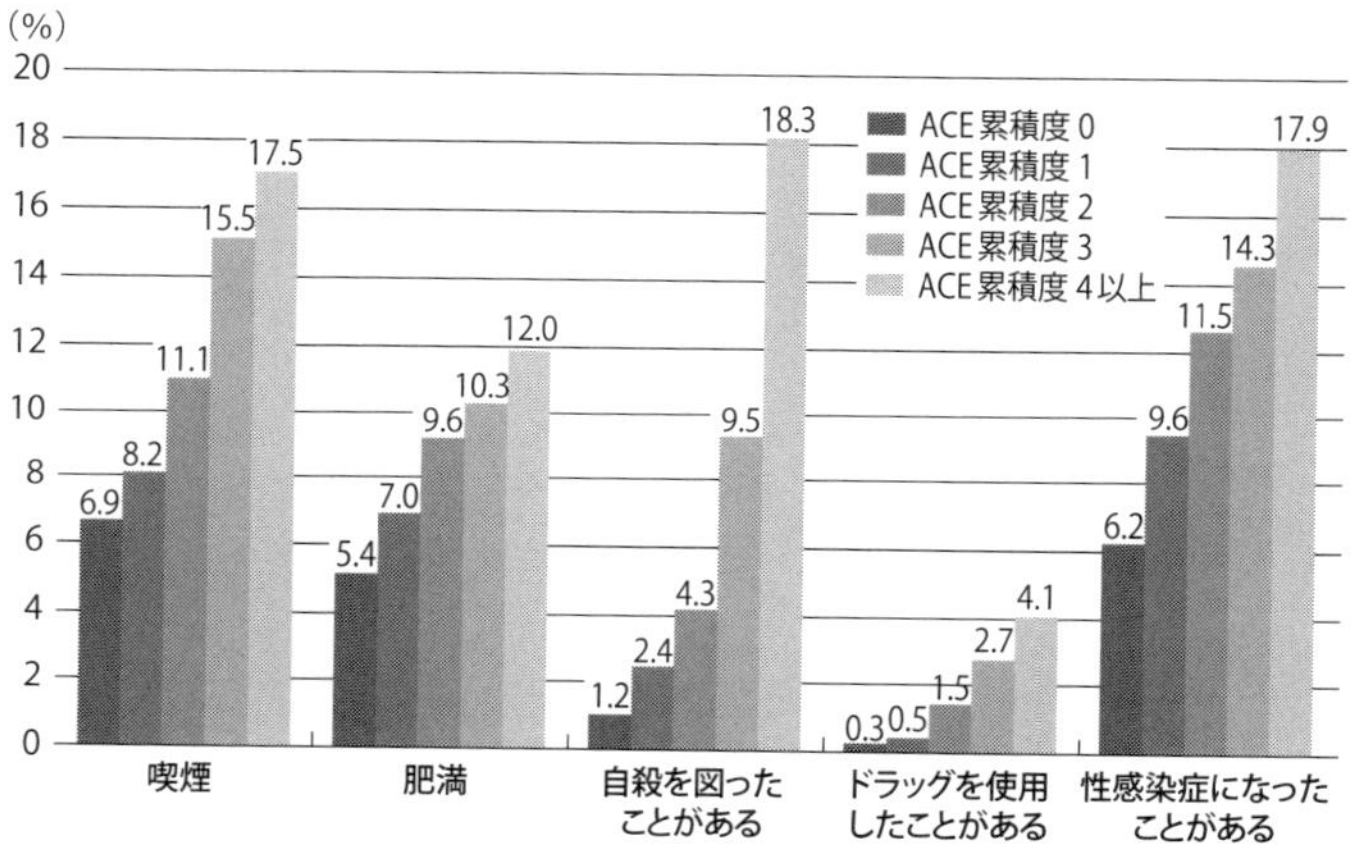

（出所）Robert Anda, “The Health and Social Impact of Growing Up With Alcohol Abuse and Related Adverse Childfood Experience: The Human and Economic Costs of the Status Quo.” National Association for Children of Alcoholics, 2006.

能性が低い。両親がそろっている家庭と比較して、ひとり親家庭は子供への投資にあまり熱心でない。ひとり親家庭では、うつ病や妊婦の薬物使用や喫煙が多く、母乳育児や語りかけによる刺激が少ないと、マクラナハンは指摘している。

ロバート・アンダ、ヴィンセント・フェリッティらの研究チームは、家庭内暴力や虐待やネグレクトといった小児期の悲惨な体験が成人後にもたらす影響について調査した。その結果、子供時代のそうした体験が、成人してからの病気や医療費の多さ、うつ病や自殺の増加、アルコールや麻薬の乱用、労働能力や社会的機能の貧しさ、能力的な障害、次世代の能力的欠陥などと相関関係があるとわかった。逆境的小児期体験（ACE）について調べたこの研究では、一八歳までに虐待やネグレクト、家庭内でのアルコールや薬物の乱用などの体験があったかどうかを被験者に尋ね、一つの体験を一点と数えて合計点で深刻度を計測した。つまり、合計点が高いほど小児期の環境が悪いということだ。成人被験者の三人に二人が少なくとも一点、一二・五パーセントは四点以上だった。小児期の逆境的経験がもたらす悪影響は著しい（図2を参照）。

この調査結果は発達心理学の分野の膨大な研究によって裏づけられ、神経学的にも筋が通っている。幼いころにある特定の入力《インプット》が欠けていると、そのインプットに関連する情報を感じ、気づき、理解し、判断し、それに従って行動するという脳のシステムの発達に異常が生じる。ルーマニアの幼児に関する研究は、幼い時期の重要性を示している。ルーマニアの国営孤児院では、生まれたばかりの子供たちを対象とする邪悪な実験が意図せずに実施された。孤児院の生活環境は劣悪だった。収容された子供たちは社会的・知的な刺激を最低限しか与えられずに育った結果、認知機能の発達が遅れたり、社会的行動に深刻な

図3　幼少期にネグレクトされた子供の脳の発達異常

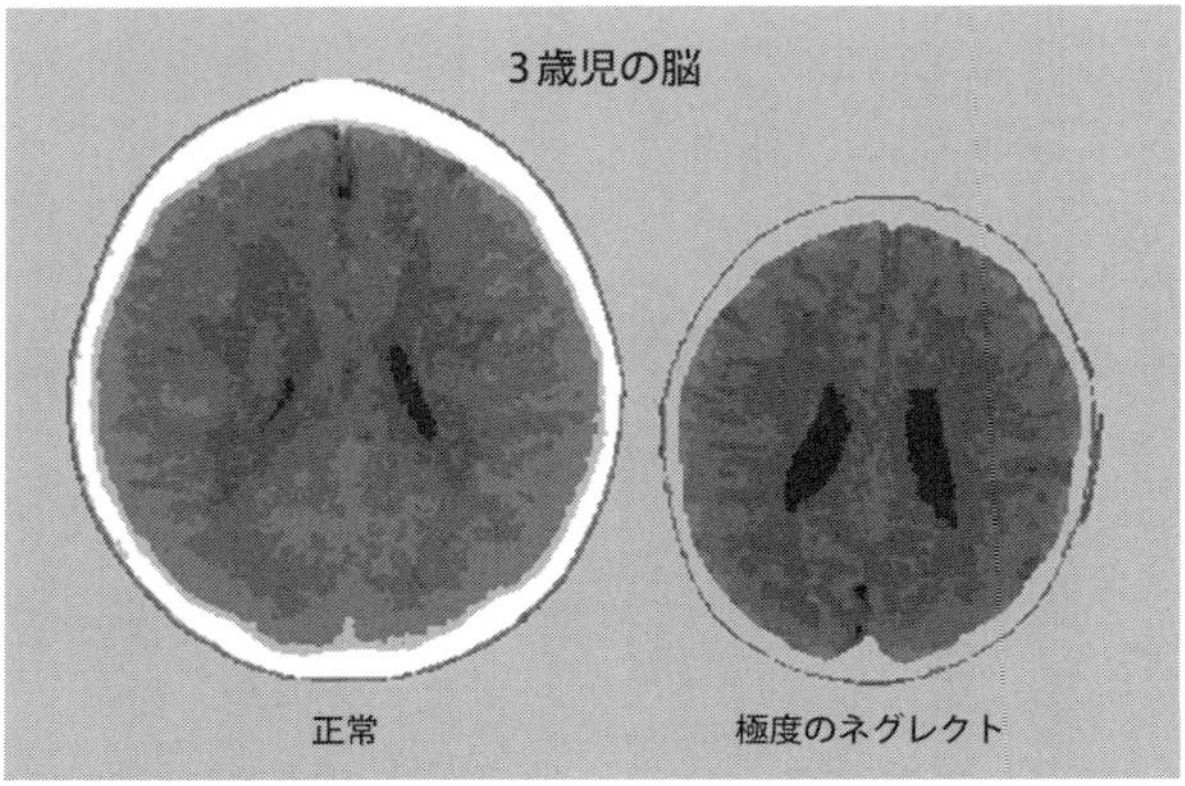

（注）左は健康な3歳児の頭部スキャン画像で大きさは標準的。右は極度にネグレクトされて育った3歳児の頭部。脳の大きさが標準より著しく小さく、側脳室拡大と皮質の萎縮が見られる

（出所）B. D. Perry, “Childhood experience and the expression of genetic potential: what childhood neglect tells us about nature and nurture.” *Brain and Mind* 3: 79-100, 2002.

障害が生じたり、ストレスに対する異常な過敏性が見られたりしていた。個々の孤児院の質的状況や、里親家庭の環境、孤児院にいた期間などによって差はあったものの、おしなべて養子になるのが遅いほど回復が進まなかった。ルーマニアの事例に関する研究は、他の状況から得られる理解に合致する。すなわち、幼少期に深刻なネグレクトに遭った子供は、認知や情動や健康に長期的な問題を抱えることが多い。

子供たちが問題を抱えた一因は、幼少期の親密なふれあいが脳の機能

をつかさどる重要な部分の発達に関連していることにある。親密なふれあい体験が欠落したことによって、脳の発達に異常が生じるのだ。ネグレクトされて育った三歳児をそうでない子供と比較したところ、脳のサイズが小さく、脳室が肥大し、大脳皮質の組織が委縮していることなどがわかった（図3を参照）。

つまり、幼少期の環境は重要であり、子供には注意を払うことが必要だ。だが、こうした幼少期の逆境的体験はどのようにして違いをもたらすのだろうか？ 多くの社会科学者が家庭状況を測るのに使用してきた物差しは、両親がそろっているか否かと世帯所得だ。だが、発達心理学や神経科学の研究から得られる証拠は、これらの物差しは子供がどのように育つかを決定するためのひどく大ざっぱな目安にしかならないことを示している。両親がそろっていることに利益があるとする意見は多いものの、父親に反社会的傾向があったり、結婚生活が破綻したりしていれば、父親の存在はかえってマイナス要因になりうる。子供の不利益を決定する主要な原因は、たんなる経済状況や両親の有無よりも成育環境の質であることを示す証拠はたくさんある。たとえば、ベティ・ハートとトッド・リスレーは一九九五年に四二の家族を対象にした研究で、専門職の家庭で育つ子供は平均して一時間に二一五三語の言葉を耳にするが、労働者の家庭では一二五一語、生活保護受給世帯では六一六語だとした。これに対応して、三歳児の語彙は専門職の家庭では一一〇〇語、労働者の家庭では七五〇語、生活保護受給世帯では五〇〇語だった。

ネイティブアメリカンの居住区がカジノの開設でにわかに経済的にゆたかになった事例は、子供が置かれた環境を測るための従来の目安が不確かであることを裏づけている。この研究によれば、子供たちの破壊的行動がかなり減った。介入による有益効果は家族内の変化によってもたらされた。経済的により豊かになれば、親による子育てが改善し、親が子供に手をかける。この自然界における実験では、収入が子育てを改善したが、子供の破壊的行動を減らしたのはじつは子育ての変化だった。

したがって懸念されるのは、幼少期の環境が成人後に大きな影響をもたらすことと、アメリカでは逆境で育つ子供の数が年々増大していることだ。また、安心材料は、環境を変化させて子供の重要なスキルを向上させることは可能であり、私たちの社会は、格差の拡大や社会全体の劣化に手をこまねいて眺めている必要はないということだ。政策によって状況を変化させることができるのだ。

幼少期の介入が変化をもたらす

恵まれない子供の幼少期の環境を充実させる数々の試みは、遺伝子決定論に反論する強力な証拠を提供している。そうした研究は家庭環境の強化が子供の成長ぶりを改善することを示し、改善の経路として非認知的スキルの役割を強調する。

もっとも信頼できるデータは、恵まれない家庭の子供を対象に幼少期の環境を実質的に改善した複数の研究から得られた。なかでもペリー就学前プロジェクト、アベセダリアンプロジェクトという二つの研究は無作為割り当てを使用し、子供が成人するまで追跡調査したことから、きわめて意義深い。

これらの研究は、幼少期の環境をゆたかにすることが認知的スキルと非認知的スキルの両方に影響を与え、学業や働きぶりや社会的行動に肯定的な結果をもたらすことを示した。しかも、そうした効果はずっと後まで継続する。他の研究は――たとえば、妊娠した少女に対して家庭訪問をして子育てや健康維持について教えた〈看護師・家族パートナーシッ

図4.1　ペリー就学前プロジェクトの効果

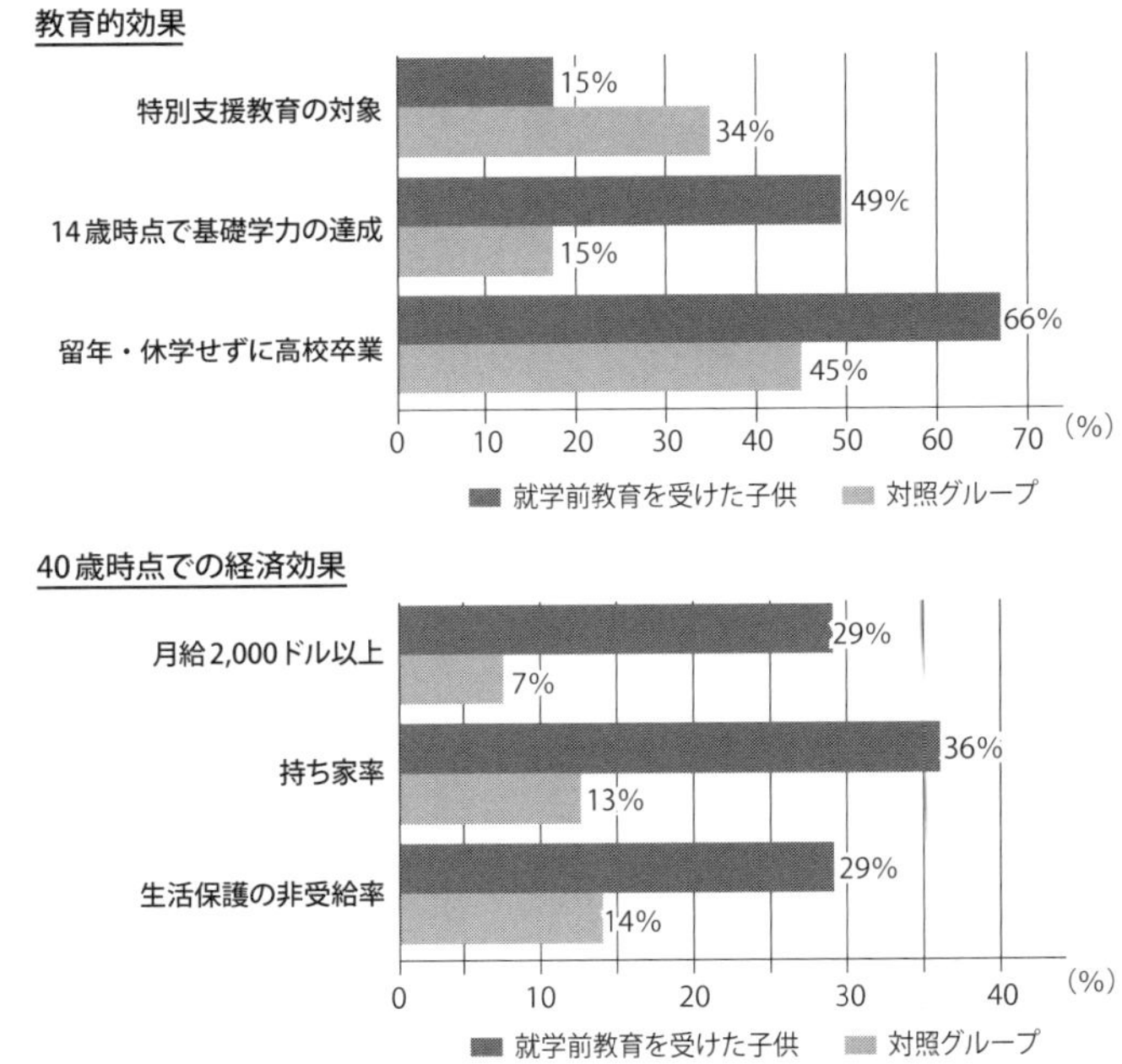

プ〉などは――この結論を支持している。

ペリー就学前プロジェクトは、一九六二年から一九六七年にミシガン州イプシランティで、低所得でアフリカ系の五八世帯の子供を対象に実施された。就学前の幼児に対して、午前中に毎日二時間半ずつ教室での授業を受けさせ、さらに週に一度は教師が各家庭を訪問して九〇分間の指導をした。指導内容は子供の年齢

図4.2 40歳時点での逮捕者率

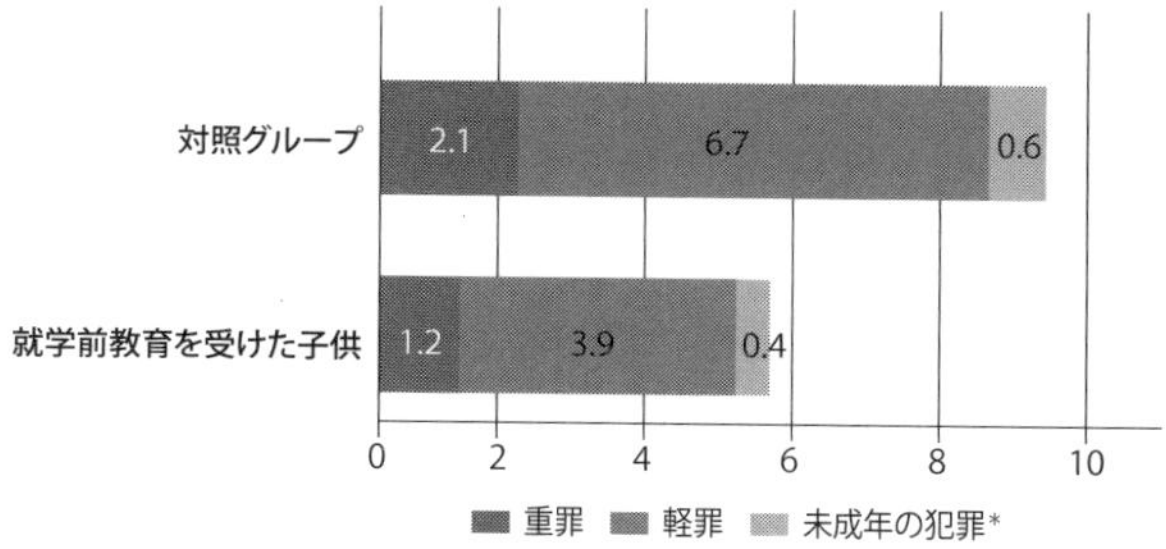

（出所）W. S. Barnett, "Benefit-Cost Analysis of Preschool Education." 2004.
＊19歳未満の逮捕

と能力に応じて調整され、非認知的特質を育てることに重点を置いて、子供の自発性を大切にする活動を中心としていた。教師は子供が自分で考えた遊びを実践し、毎日復習するように促した。復習は集団で行い、子供たちに重要な社会的スキルを教えた。就学前教育は三〇週間続けられた。そして、就学前教育の終了後、これを受けた子供と受けなかった対照グループの子供を、四〇歳まで追跡調査した。

アベセダリアンプロジェクトは、一九七二年から一九七七年に生まれた、リスク指数の高い家庭の恵まれない子供一一一人を対象に実施された。実験開始時の対象者の平均年齢は生後四・四カ月だった。プログラムは年間を通じて行われ、子供が八歳になるまで全日の介入が継続された。子供たちは二一歳まで継続して調査され、三〇歳時点の追跡調査が二〇一二年初めに実施された。アベセダリアンプロジェクトの介入はペリー就学前プロジェクトよりもさらに徹底していた。子供への介入は一年を通じて全日実施された。当初は子供三人に一人の割合で教師がいて、子供の進歩に応じて、その割合は六対一になった。対照グループの子供たちには実験に参加する動機づけとして、鉄分強化された粉ミルク一五カ月間と必要に応じて紙おむつが与えられた。対照グループの子供の多くは保育園や幼稚園に入った。小学校に入学してから三年間、教師が実験グループの子供の親と面談して、家庭学習の進め方を教えた。家庭学習のカリキュラムは個々の子供に合わせてつくられた。家庭学習を指導する教師は親と学校の教師との連絡役もつとめ、二週間に一度双方から話を聞いて橋渡しをした。さらに、親が仕事を見つけるのを手助けしたり、社会福祉サービスについて教えたり、子供の送り迎えをしたりしたが、それらはすべて親の子育て能力を向上させた。(4)

ペリー就学前プロジェクトでも、アベセダリアンプロジェクトでも、実験グループの子供が対照グループの子供と比較して良い結果を得るというのが一貫したパターンだった。ペリー就学前プロジェクトの被験者になった子供は当初はＩＱが高くなったが、その効果はしだいに薄れて、介入が終了して四年たつとすっかり消えた。ＩＱを高める効果が小さいことについては、他の研究でも認められた。だが、ＩＱ以外の主要な効果は継続し、非認知能力の向上もその一つだった。[5]　ＩＱテストの結果は変わりなかったものの、一四歳の時点で学力検査をしたところ、就学前教育を受けた子供は受けなかった子供よりも学校へ行っている率が高く、より多くを学んでいたことから成績が良かった。さまざまな社会行動についても良い影響が見られた。最終的な追跡調査（ペリー就学前プロジェクトでは四〇歳、アベセダリアンプロジェクトでは三〇歳）では、就学前教育を受けた子供は、受けなかった子供よりも学力検査の成績が良く、学歴が高く、特別支援教育の対象者が少なく、収入が多く、持ち家率が高く、生活保護受給率や逮捕者率が低かった（図４・１および図４・２を参照）。[6]

ペリー就学前プロジェクトの利益（費用一ドル当たりの年間利益）の率は六パーセントから一〇パーセントと見積もられる（第二次世界大戦後から二〇〇八年までの株式の配当五・八パーセントよりも多い）。[7]　この見積もりは、このところ考慮されるようになった心と体の健康がもたらす経済的利益を含んでいないので、控えめな数字である。

幼少期の教育を上手に実行することは、大きな利益をもたらす可能性がある。ではもっと後になってからの介入はどうだろう？　じつのところ、子供が成人後に成功するかどうかは幼少期の介入の質に大きく影響される。スキルがスキルをもたらし、能力が将来の能力を育てるのだ。幼少期に認知力や社会性や情動の各方面の能力を幅広く身につけることは、その後の学習をより効率的にし、それによって学習することがより簡単になり、継続しやすくなる。

公的な職業訓練プログラムや成人対象の読み書き教育、囚人への社会復帰プログラム、貧困層の成人に対する教育プログラムなど、目下のところ設定されている対策は経済的成果が少ない。そのうえ、そのような後になってからの介入に一定の恩恵があるとした研究でも、恵まれない家庭の子供の能力は、さまざまな面で就学前に介入を受けた子供の能力に劣ると示されている。土台が強いほど、後になってからの投資から得られるものが大きいのだ。

スキルがスキルを生む相乗効果のせいで、幼少期の効果的な介入から得られたものは、その後も高品質の学習体験を続けた場合にもっとも効果が高くなる。

そして、幼少期の介入は少なくとももう一つの重要な特質を持っている。大半の社会政策を悩ます公平性と効率性とのトレードオフがほぼ存在せず、介入を実施するための税金徴収に多少の死荷重〔訳注：課税による失われた費用〕があるものの、損失は利益を上回らない。(8) 幼少期の介入は経済的効率性を促進し、生涯にわたる不平等を低減する。恵まれない環境で幼少期にきちんとした基礎的なスキルを育成しないままに思春期になってしまうと、状況を改善しようとする介入は公平性と効率性のトレードオフに直面してしまう。そして、思春期の介入は、経済的効率性の点から正当化するのが困難であり、一般に収益率が低い。それとは対照的に、幼少期に投資を集中し、その後の投資でフォローアップすれば、公平性と効率性の両方を達成できるのだ。

実際的な問い

幼少期の教育プログラムを実施し、アメリカ社会において恵まれない環境に育つ子供たちの諸問題に取り組むには、さまざまな実際的な政策課題がある。ここでは、いくつかの重要性が高い大きな問題について簡単にふれよう。

❶ 対象の範囲をどのように決めるべきか？

幼少期の教育プログラムに対する利益がもっとも大きいのは、親からの十分な教育投資を受けられない貧しい子供だ。貧しさを測るために適切なのは、家庭の貧困度や両親の教育程度とはかぎらない。入手可能な証拠は、子育ての質が重要な希少資源だと示唆している。そこで、対象をより正確に定めるために、危険の多い家庭環境を判断する物差しが必要である。

❷ どんなプログラムを使うか？

幼少期を対象とするプログラムがもっとも期待が持てると思われる。アベセダリアンプロジェクトとペリー就学前プロジェクトは大きな成果を示した。家庭訪問で子育てを支援する〈看護師・家族パートナーシップ〉に関する分析も、同様に示唆に富んでいる。家庭訪問を含むプログラムは両親の生活に影響を与え、家庭環境の永続的な変化をもたらし、それがセンターを基盤にした介入が終わった後も子供を助ける。認知能力だけに集中するのではなく、子供の性格や意欲を形成するプログラムがもっとも効果的と思われる。

❸プログラムの提供者は？

恵まれない子供の認知的スキルや社会・情動的スキルの向上を目的とした幼少期のプログラムを計画するには、幼少期の家庭生活や文化的多様性を尊重することが重要だ。こうしたプログラムで肝要なのは、両親が援助に値するかどうかを評価することではなく、子供を助けることである。幼少期のプログラムの目的は、あらゆる社会や宗教や人種の恵まれない子供のために、生産的なスキルや特性の基盤を育てることにある。個人的に構成された社会集団や社会奉仕家たちなどの民間セクターを参加させることは、公的資源を増加させ、コミュニティの支持を生み、多種多様な視点から検討することを保証する。民間と行政との共同作業が、効果的かつ文化の違いに配慮するプログラムを育成する。

❹ 費用は誰が負担するべきか？

非難を避けるためにプログラムを全国一律にすることができるだろう。全国規模のプログラムははるかに費用がかかるし、公的プログラムが家族の個人的な投資に取って代わることによる死荷重の可能性をもたらす。これらの問題に対する一つの解決法は、プログラムは全国一律とするが家族の収入に応じてスライド制の負担額を設定することだ。

❺ プログラムは高度なコンプライアンスを達成するか？

プログラムのコンプライアンスに関わる潜在的な問題を認識することは重要だ。多くの成功したプログラムは、子供の価値観や意欲を変化させる。そうした変化のなかには、一部の親の価値観に反するものがあるかもしれない。子供が必要とすることと親が受ける介入とのあいだに深刻なズレが生じるかもしれない。文化的な多様性を生かしたプログラムを開発することが、そうした問題を避けるのに役立つだろう。子供の可能性を育てようとするとき、一般社会の価値観とその子の家族の価値観とにどれほどの衝突が生じるかは今のところさだかではないものの、まったくなんの衝突もないとは思えない。

❻ 幼少期の環境をゆたかにするという恩恵を受けられずに思春期に達した恵まれない子供のためには、どんな方針が効果的か?

幼いころに介入を開始すればいっそう効果的だが、思春期に達した子供に対して効果的な戦略もある。認知的スキルは幼少期に確立され、十代になってから子供のＩＱや問題解決能力を高めるのははるかに難しいことが、数々の証拠から示されている。だが、社会的スキルや性格的スキルは別問題だ。これらのスキルは二十代のはじめまで発展可能だが、学習を向上させることから、幼少期に形成しておくのが最善策だ。思春期の子供に対する戦略は、メンターによる指導や職場での教育を通じて、意欲や性格的スキルや社会的スキルを強化するべきだ。

再分配ではなく、事前分配を

貧困に対処し社会的流動性を促進するために、所得の再分配を求める声は多い。だが、最新の研究は、再分配はある時点では確実に社会の不公平を減じるものの、それ自体が長期的な社会的流動性や社会的包容力〔訳注：社会的に弱い立場にある人々を排除・孤立させるのではなく、共に支え合って生活していこうという考え方〕を向上させはしないと主張している。事前分配――恵まれない子供の幼少期の生活を改善すること――は社会的包容力を育成すると同時に、経済効率や労働力の生産性を高めるうえで、単純な再配分よりもはるかに効果的である。事前分配政策は公平であり、経済的に効率がいい。

アメリカではスキルの問題が増大している。これは社会的分極化を生み、機会や成果の不平等を大きくする。

アメリカの若者が大学を卒業する割合は上昇している。同時に、高校を中退する割合も上昇している。スキルの問題がもたらすもう一つの結果は、経済生産性の鈍化だ。現在の子供向けの社会政策は認知能力の向上に集中している。だが、人生で成功するには学力以上のものが必要だ。

不平等の拡大や生産性の伸び悩みの主要原因は、公立学校の欠陥でも大学の学費の高さでもない。幼少期の不利な状況を救済するために設計された現在の改善戦略――職業訓練プログラム、高校の学級定員の削減、GEDプログラム、犯罪者のための更生プログラム、成人の識字率向上プログラムなど——は少なくとも現状では、そして単独では効果的でない。非認知的スキルの向上を目的とした思春期における改善策は、幼いころの逆境によるダメージをある程度は修復できる。だが、思春期の恵まれない子供を対象にしたプログラムが公平性と効率性のトレードオフに直面するのに対して、年少期の恵まれない子供を対象にしたプログラムではそれを避けられる。幼いころの望ましくない環境からくる不公平な非有利性を軽減することによって、公共の福祉をより良く促進できる。

持つ者と持たざる者とのあいだの、認知的スキルおよび非認知的スキルの格差は、ごく幼いころに発生し、幼少期の逆境に根源をたどれる部分があり、現在ではそうした環境で育つ子供の割合が増えつつある。子供がどれほどの逆境に置かれているかは世帯所得や両親の学歴といった昔ながらの物差しではなく、子育ての質によって測られる。ただし、それらの昔ながらの物差しは、子育ての質と相関関係にあるのだ。相関関係を因果関係と混同しないことが重要だ。家族にもっと金を与えることは、恵まれない子供の環境の質を向上させることと同義ではない。「貧困との闘い」を求める声が多いけれど、われわれはかつての失敗をくりかえすべきではない。たんに貧困家庭に金を与えるだけでは、世代間の社会的流動性を促進できない。クリントン政権を一九九六年の福祉政策改革へと導いたのは、そうした考えだった。貴重なのは金ではなく、愛情と子育ての力なのだ。

すなわち、社会政策は適応性のある幼少期を対象にすべきだ。家族の大切さを尊重し、文化的感受性を発揮し、アメリカ社会の多様性を認識しつつ、子育ての質や幼少期の環境を高めることによって成果が導かれる。つまり、効果的な戦略は、選択肢のある高品質なプログラムの提供を必要としている。

注

1 Heckman, James J. and Paul A. LaFontaine (2010). "The American High School Graduation Rate: Trends and Levels." *Review of Economics and Statistics* 92, 2: 244–262.

2 Heckman, James J., John Eric Humphries, and Tim Kautz (2012). *The GED and the Role of Character in American Life.* Unpublished book manuscript, under revision, University of Chicago, Department of Economics.

3 Heckman, James J. and Tim Kautz (2012). "Hard Evidence on Soft Skills." *Labour Economics* 19, 4: 451–464.

4 Cunha, F., L. L. Lochner, and D. Masterov (2006). "Interpreting the Evidence on Life Cycle Skill Formation," in E. Hanushek and F. Welch, eds., *Handbook of the Economics of Education* (North Holland: Amsterdam), pp.697–812.

Campbell, F. A., E. P. Pungello, M. Burchinal, K. Kainz, Y. Pan, B. H. Wasik, O. A. Barbarin, J. J. Sparling, and C. T. Ramey, (2012, January 16). "Adult Outcomes as a Function of an Early Childhood Educational Program: An Abecedarian Project Follow-Up." *Developmental Psychology.* Advance online publication. doi: 10.1037/a0026644.

5 Heckman, James J., Rodrigo Pinto, and Peter Savelyev (2012). "Understanding the Mechanisms Through Which an Influential Early Childhood Program Boosted Adult Outcomes." *American Economic Review.* Forthcoming.

6 Heckman, James J., Seong H. Moon, Rodrigo Pinto, Peter A. Savelyev, and Adam Q. Yavitz (2010). "Analyzing Social Experiments as Implemented: A Reexamination of the Evidence from the HighScope Perry Preschool Program." *Quantitative Economics* 1, 1: 1–46. First draft, September, 2006.

7 Heckman, James J., Seong H. Moon, Rodrigo Pinto, Peter A. Savelyev, and Adam Q. Yavitz (2010, February). "The Rate of Return to the HighScope Perry Preschool Program." *Journal of Public Economics* 94, 1–2: 114–128.

8 Heckman, James J. (2008). "Schools, Skills and Synapses." *Economic Inquiry* 46, 3: 289–324.

パート Ⅱ

各分野の専門家によるコメント

マイク・ローズ
ロビン・ウェスト
チャールズ・マレー
キャロル・S・ドウェック
デヴィッド・デミング
ニール・マクラスキー
アネット・ラロー
ルラック・アルマゴール
アダム・スウィフト／ハリー・ブリグハウス
ジェフリー・カナダ

Forum: Mike Rose

職業訓練プログラムも成果を発揮する

マイク・ローズ
カリフォルニア大学ロサンゼルス校大学院教育・情報学部教授

私はジェームズ・ヘックマンの提案を支持しており、関係各所の方々から正当に評価されることを望んでいる。そこで、彼が提起したいくつかの問題について考えよう。

第一に、幼少期の教育に介入すべきだという議論を支えるために、ヘックマンは成人向けのプログラムは「経済的な効果が低い」と述べている。貧困層の成人はひどい苦境にあるので、一度きりの介入が限定的な成功しかもたらさないのは驚くにはあたらない。だが、全体像は経済的分析だけが示唆するよりも複雑なのだ。成人向けの補完的なプログラムについてはもっと注意深く評価するべきだろう。なぜなら、そうしたプログラムは数多い弱者に重要な第二のチャンスをもたらすからだ。

ＧＥＤの成果の分析は、成人教育についての標準的な経済政策分析の限界の一例を示している。ＧＥＤ受験者は非常に幅が広い。高校の授業に満足できない早熟な中流階級の子供もいれば、低学力の高校から落ちこぼれて服役した後に将来性のない仕事に就いている四十代もいる。ＧＥＤ受験のための準備も人によってさまざまだ。ほんの数時間勉強しただけの者もいれば、成人学級や、幅広い学問や職業的カリキュラムの一環としてＧＥＤ対策を組み込んだコミュニティカレッジのプログラムで何年間も学んだ者もいる。結局のところ、プログラムの質自体も多種多様だ。年齢や学歴や動機や準備が、これほどばらばらな学力検査は他には見当たらない。

政策分析に使われるデータ・セットはそうしたすべての情報をとらえておらず、統計データを分析する際には平均値を扱うのが一般的であるため、多様性が持つ意味を部分的にしか記録しない。ＧＥＤ取得者の成果と高校卒業者の成果とが同等でないのは事実だが、その一方で、学問的スキルが低い人々にとっては、ＧＥＤを取得すれば労働市場で有利になると研究が示しているし、ＧＥＤ受験準備や成人教育には最近の政策分析がとらえていない利益があると推測できる。

成人学級やコミュニティカレッジや職業訓練コースに入ってプログラムの修了を目指すのは、スキルを築くことによってそれまでは手が届かなかった仕事への門戸が開かれる可能性があるからだという前提に立てば、もう一つの点が浮かびあがってくる。そうした可能性が現実にはあまり大きくはない一方で、学んでいる人々は切羽詰まった必要を抱えており、そのせいでプログラムから離脱することが考えられる。ところが、離脱者は失敗したとみなされ、彼らが離脱したのは追いつめられた者の合理的な判断ではなく、彼らに修了する能力がない証拠だとされてしまう。そういう人々のことをより良く理解するために、統計的分析と実体験の記録の両方が必要だ。

また、教育が教育を生むことは事実で裏づけられており、親の教育程度が上がれば、子供の学習への関わりに影響をもたらす。こうした成人教育の潜在的利益は、たとえ不十分なものだとしても、一般の政策分析では説明されていない。

第二に、ヘックマンをはじめ数多くの人が、認知的スキルと非認知的スキルとを区別しており、この区別はある意味で有益だが、私たちを惑わせる部分もある。「ハード」なスキルとされる認知的スキルは、読み書きや数学の基礎知識から特定の職業の問題解決テクニックにいたるすべてを含む。「ソフト」なスキルとされる非認知的スキルは、責任感や忍耐力といった性格特性だけでなく、他者と協働する能力などの対人関係感覚も含む。ソフト・スキルは持たざる人々のためのプログラムにおいて大きな注目を集めてきた。

だが、これらのスキルは現実にはまじりあっているし、状況に影響されることもある。そうしたことについての論文を以前から書いているが、私の読み書き能力や忍耐力は、税金申告書類の記入や電子機器の扱いとなると、すっかりシャットダウンしてしまう程度でしかない。そのうえ、ソフト・スキルを育てる最良の方法は、認知的側面を持つ有意義な活動を通じてのものだ。ヘックマンが引用しているペリー就学前プロジェクトとアベセダリアンプロジェクトは、いずれも認知能力を育むものだった。

教育レベルが高くない人々を対象にして二年間かけて実施した私の最近の研究は、認知的スキルと非認知的スキルの混在を証明している。教育レベルの低い人々は、ファッションから溶接にいたるまでさまざまな職業訓練プログラムを受けることで能力を獲得し、さらには、自信をつけたり、細部にまで注意を払うようになったり、出来栄えにこだわったりするようになるだけでなく、他人とのコミュニケーション力を身につけたり他人を助けたりするようにもなる。

複雑なスキルを分割することは、教育に悲惨な結果をもたらしうる。たとえば、子供のためのプログラムがソフト・スキルに重点をおいて、認知的な内容を最小限にするようなものになったり、思春期や成人のためのプログラムが、興味をそそらない作業や訓練を中心にするものになったりするだろう。そのようなプログラムは効果的でなく、恵まれない人々のために標準以下の教育を提供するという、アメリカの恥ずべきパターンのくりかえしになる。

結局のところ、幼少期の教育に介入する政策に関するヘックマンの議論は、最近の政治的論議におけるイデオロギー的地雷原の一部を避けている。だが、このことは、根本的な現実に向きあわないままに、恵まれない人々の生活に対する政策による介入が増大しているという問題を反映している。私たちは彼らの行動や信仰や食生活や学校を標的にし、格差の拡大や、仕事がない、住む家が得られないといった、彼らの貧困の原因について語ることがますます少なくなっている。

ヘックマンの論文が示唆しているように、金はものを言う。高学歴の働く女性は「自分の収入から安定した財源を得ている」のだ。ヘックマンによれば、社会学者のサラ・マクラナハンは「恵まれた家庭に生まれた子供は、経済的にも認知能力的にもゆたかな環境を得られる」としている。そして、カジノ建設で経済的な恩恵を受けたネイティブアメリカンの居住区では、子供たちの「破壊的行動の基準値が大きな向上を示した」のだ。

仕事と住居の安定は、流動性の基盤をもたらす。ヘックマンが提唱するすばらしい介入に加えて、恵まれない人々のためのしっかりした職業訓練プログラムこそが成果を発揮する介入だろう。

Forum: Robin West

幼少期の教育は母親の人生も改善する

ロビン・ウェスト
ジョージタウン大学法律センター法学および哲学教授

ジェームズ・ヘックマンは、倫理的な観点から支持されると考えられることが多い主張について、経済的な観点からの裏づけを提供している。恵まれない家庭の子供たちの幼少期の体験に社会がもっと介入することが、恵まれない家庭の子供とそれ以外の家庭の子供とのスキルの格差を狭め、拡大しつつある不平等を是正できるという主張である。

ヘックマンによれば、幼少期の介入は効率的なだけでなく、公平かつ公正である。そのコストは、なにもしないよりもはるかに低く、幼少期を過ぎてからあまり効果的でない介入をするよりも低い。したがって、エコノミストや賢明な投資に金を注ごうと考える人々が、乳幼児に集中的な就学前教育をするべきだと数十年間にわたって訴えてきたソーシャルワーカーやフェミニストや教育者や反貧困活動家らと、一致協力すべきでないとする理由はない。

だが、ヘックマンの考えは有望なメッセージであるものの、私はいくつかの懸念を抱いた。第一に、幼少期の子供への介入が付随的な影響をもたらして、ひとり親という逆境で子育てをしている母親の人生を改善させることについて、ヘックマンが論じていないのは不可解である。ヘックマンが心配しているように、パートナーなしで貧困のうちに子育てをしている女性はわが子を危機的状況に置いていると言えるだろうが、彼女たち自身もまた危機的状況にある。早すぎる出産をして、パートナーからの助けが得られず、国家からもほとんど助けてもらえない状況で、稼ぎ手として、市民として、市民社会の一員として、若い女性の可能性は大きく損なわれてしまう。乳幼児を就学前プログラムに託せば、彼女たちはそれによって得られた時間を使って、妊娠のせいで中断した学習の場へ戻ったり、収入を得られる仕事に就いたりすることができる。収入が増え、職場で達成感を得ることは、自尊心を高め、全般的な幸福の向上につながるとともに、子育ての質の向上も導く。

このことは、公平性と効率性の両面から幼少期の介入の効果を裏づけるだろう。なぜこの部分がヘックマンの方程式に含まれていないのか、不思議に感じられる。

第二に、ヘックマンが親による子育ての質ではなく、母親による子育ての質にばかり注目しているのは、奇妙だと言えよう。母親による子育てのまずさが子供に与えるダメージについて紙幅を割き、虐待的な父親が与えるダメージについてもさらっとふれているものの、父親がいないことが母子双方に与えるダメージについてはまったく考慮していない。ヘックマンが主張するように、シングルマザーの子育てが子供たちに最大のリスクをもたらすのなら、父親がいないことこそがそうしたリスクの中心となる重要要素ではないだろうか。少なくともちゃんとした父親がいれば、母親が子供を育てる環境は大きく改善するだろう。ヘックマンが描くような幼少期の介入には、不在の父親を子供たちとふたたび結びつけ、親としての責任を負うという図式を取り入れるべきなのかもしれない。

また、ヘックマンが提示している理想的な家庭生活のモデルは、母親の役割を奇妙なほど重要視している。ヘックマンが描いている幼い子供のための理想的な家庭とは、母親が子育てに献身的にあたり、読み聞かせを欠かさず、しかも大卒以上の学歴を持ってフルタイムで働いている、というものだ。恵まれている子供についても恵まれない子供についても、父親のことはほとんど言及されていない。

家族の理想像について言えば、これではまったく不公平だ。数十年前に政治哲学者のスーザン・オーキンが論じたように、公平な社会の家族はそれ自体が公平であるべきで、公平であるには両親が労働だけでなく、成功した子育てがもたらす報酬をも分け合うことを必要とする。ヘックマンのモデルは子供がスキルを身につけるための準備を整えるという点では成果をもたらすかもしれないが、きちんとした公平さの感覚を獲得して利用するための準備を整えるという点では、成果ははなはだしく乏しいだろう。スキルが労働者としての成功に必要不可欠であるように、公平さの感覚は一人の市民として成功した人生を送るために必要不可欠だ。

第三に、はたしてヘックマンは、自らの提言が直面するだろう政治的問題を理解しているのだろうか。多様な層を占める人々——未婚女性、有色人種の女性、貧困層の女性——を一括りにして子育てに適していないと烙印を押すような発言は、周囲からの過度の押しつけにひるむことなく妊娠し出産する権利が脅かされるのではないかという、もっともな懸念をもたらすだろう。問題はまだまだある。介入を拡大することに対する抵抗が、政治的右派の人々から起こる可能性はさらに大きい。そうした人々のなかでも、ホームスクールの推進者やそれを実践している親たちは多大な影響力を持っている。彼らは、公立学校や公認の私立学校に通わなければならないとする法律の弱体化や撤廃を各州に認めさせて、子供を自宅で教育し、ホームスクールの自由化をさらに推進することによって、幼稚園から高校卒業までの一三年間のK－12と呼ばれる学校教育制度を崩壊させようとしている。現在では、ホームスクールで教育されている子供は二〇〇万人を超えているが、子供を教えている親のなかには、高校を卒業していない者もいるだろうし、公教育やソーシャルワーカーからの専門的な指導をまったく受けていないことも多い。生後六カ月の乳児の教育まで政府の制度に組み込もうとするヘックマンの提言は、共和党のなかで大きな派閥を築いている彼らの危機感をあおるだろう。

ヘックマンの主張が、世の中に拡大し悪化しつづけている貧困に対して効率的かつ正当に対応するための賢い提言ではないと言うつもりはない。だが、彼の主張は親の権利を熱心に主張して実績をあげている運動と対立する部分がある。彼らの第一の目標は、教育や子育てにおける政府の役割を最小限にし、さらには一切なくすことだからだ。ヘックマンが主張しているような、文化的感受性への配慮を求める控えめな呼びかけは、そうした流れをなだめるだけの効力はないだろう。

Forum: Charles Murray

幼少期の教育的介入に否定的な報告もある

チャールズ・マレー
アメリカンエンタープライズ研究所W・H・ブレイディ研究員

幼少期の体験の重要性や、社会経済的な階層によってそうした体験に著しい違いが生じることについて説いた、ジェームズ・ヘックマンの論文に対して大きな反論はない。私もヘックマンと同じく、問題の解決法を見つけたいと望んでいる。だが、幼少期の介入に関して自分がどれほど知っていると言えるのか、その知識に自信を持っているのかという点で、私は彼とは違っている。

幼少期の介入を推奨するうえでもっともよく知られた証拠は、ヘックマンが引用したペリー就学前プロジェクトとアベセダリアンプロジェクトという二つのプログラムに由来する。いずれもサンプル数は少ない。ペリー就学前プロジェクトでは介入グループの子供は五八人、対照グループの子供は六五人、アベセダリアンプロジェクトでは介入グループは五七人、対照グループは五四人だった。いずれの例でも、プログラムを実行した人々がデータの収集や評価にも深くかかわり、彼らは幼少期の介入の熱心な提唱者でもあった。そうした欠陥は結果の信憑性を自動的に否定はしないものの、こんな考え方をすることは可能だ。もし、少人数の子供を対象にした二つの研究が、幼少期の介入に否定的な人々によって実施され、その結果、効果がないとされたなら、誰も二つの研究に関心を持たなかったろう、という考え方だ。

つまり、問題含みの面を持つ研究によって、統計的に有意義で、肯定的な結果がもたらされたということだ。では、つぎにどうすればいいのか？　答えは明白だ。サンプル数を増やし、実施と評価をもっときちんと分離した研究によって、結果を再現すればいい。そして、実際に、研究が実施された。これは、幼児の健康と発達のプログラム（ＩＨＤＰ）と名づけられた。介入グループは無作為に選ばれた三七七人、対照グループは六〇八人で、その全員が低体重出生児だった。介入は子供たちが病院から自宅へ戻るとまもなく開始され、生後三六カ月まで続けられた。プログラムには三つの要素があった。専門のカウンセラーによる頻繁な訪問、生後一二カ月以降は毎週五回（少なくとも計四時間）の児童発達センターへの出席、そして両親のグループミーティングだ。介入はアベセダリアンプロジェクトにならった方法で実施されたが、多くの点でもっと徹底していた。

二四カ月後と三六カ月後に追跡調査が行われた時点では、順調に効果が上がっているようだった。だが、子供たちが五歳になるまでに、成果の大半が消えてしまった。一八歳の時点での追跡調査では、知能、学力、問題行動、身体的健康など、どの指針に関しても、介入グループと対照グループでは差がなかった。

はたして、ＩＨＤＰはなにかを達成したのだろうか？　このプロジェクトの提唱者たちは、出生時の体重が比較的重い（二〇〇〇グラム以上の）子供たちにとってはそれなりに助けになったと主張したものの、これが事後のデータ分析以上のなにかを示していると考えるための理論的根拠は提示しなかった。事前に、プログラム設計は出生時の体重が比較的軽い（二〇〇〇グラム未満の）子供たちに焦点を当て、サンプル全体の三分の二を占めるようにした。なぜなら、体重が軽く生まれた子供はそうでない子供よりも発達に問題が生じやすく、したがって、結果を示しやすいだろうと考えられたからだ。集められたサンプルが示した結果は、長期的な影響がないプログラムについて、注意深く評価した場合に予想される結果そのものだった。大規模な幼少期の介入の展望について考えるとき、いったいなぜ、私たちはペリー就学前プロジェクトとアベセダリアンプロジェクトの結果を、より規模が大きく、徹底的に実施され、詳しく評価されたＩＨＤＰの結果よりも重要視するべきなのだろうか？

幼少期の教育的介入についての文献は、これらのプロジェクトよりもはるかに広範囲にわたっている。ヘッドスタート［訳注：一九六〇年代からアメリカで実施されている、恵まれない未就学児童のために早期学習環境を用意するプログラム］に関するものだけで数百編もある。説明可能なデータを持つ研究から、類似する疑問が導かれる。否定的な結果の報告が数多くあるのに、いったいなぜ、肯定的な結果の報告を重要視するべきなのか？

熱心な進歩主義者で一九六〇年代から八〇年代にかけて社会政策評価に関してアメリカ有数の専門家だった社会学者のピーター・ロッシは、彼自身のキャリアの末期になって、評価論文に関する自身の幅広い知識を「鉄則」を使って要約した。ロッシの鉄則は、「大規模な社会計画について、その正味の価値を評価すれば、どんな計画であれ結果はゼロになる」というものだった。彼の厳然たる鉄則は、「社会計画の成果の評価がすばらしく設計されているほど、正味の成果はゼロだと評価される可能性が高い」とした。私に言わせれば、幼少期の介入に関する実施体験は、ロッシをそのような鉄則へと導いた、おなじみの落胆を誘うパターンを踏襲している。すなわち、こういうことだ。やる気に満ちた人々による、小規模の実験的努力は成果を示す。だが、それを綿密な設計によって大規模に再現しようとすると、有望に思えた効果が弱くなり、そのうちにすっかり消滅してしまうことが多い。

Forum: Carol S. Dweck

思春期の子供への介入も重要だ

キャロル・S・ドウェック
スタンフォード大学心理学教授

ジェームズ・ヘックマンは幼少期の介入に関する心理学的研究を多くの人々に知らしめることによって、多大な貢献をした。科学的証拠に関する彼の考察は説得力があり、幼少期に親から受ける躾や教育が子供に決定的かつ永続的な影響をもたらすことを、論理的に主張している。さらに、そうした影響が、ＩＱの変化ではなく意欲や継続力や回復力といった非認知的な要素の変化によって生じるという、きわめて重要な点を指摘している。

ヘックマンは公平性と効率性のトレードオフという考え方を紹介して、幼少期の教育プログラムに財源を割くことは、幼いころの貧困な環境の結果を後から矯正しようとするプログラムに投資するよりも効果が得られると主張している。後者は公平ではあるが、投資に対する見返りが少なく、したがって経済的に考えると効率性が低いというのだ。

私は幼児教育への介入には大賛成だが、ヘックマンが論じた比較は誤解を招く部分がある。第一に、ヘックマンは、非認知的スキルを育てる幼少期のプログラムを、おもに特定の認知的スキルや職業的スキルの育成を目的とした、成人識字プログラムや職業訓練プログラムなどの矯正的なプログラムと比較している。ヘックマンは首尾一貫して非認知的スキルの重要性や順応性について主張しているが、それならば、思春期向けや成人向けの非認知的スキルに集中したプログラムと比較するべきではないのだろうか？

第二に、さらに重要な点だが、ヘックマンは非常に費用のかかる幼少期の介入と、非常に費用のかかるもっと後の介入とを比較している。思春期の子供向けで非認知的要素に対処する、安価かつ効果的な介入があるとしたら、どうだろう？

じつのところ、それらは存在する。私は同僚らとともに、思春期の子供を対象として介入を実施した。そのなかで子供たちは、脳の働きや知性は鍛えられるということを学んだ。新しい物事を学ぶために自分の能力を伸ばすとき、神経細胞があらたなつながりを形成し、そうするうちに知的スキルを高めることができるということを知ったのだ。学習スキルだけを学んだ対照グループと比較して、介入グループの生徒たちは意欲の大きな向上を示し、低下していた成績が急激に反転した。研究者のキャサリン・グッドとジョシュア・アロンソンも、同じような成果をあげている。デヴィッド・イェイガーによる研究では、知的スキルや社会的スキルには展性があることを教えられた高校生は、成績やストレスレベル、素行（攻撃性を含む）、健康などに変化が見られ、その変化は学年を通じて続いた。グレゴリー・ウォルトンとジェフリー・コーエンは、思春期の子供を対象に、学校での社会的・学業的帰属意識に対処し、意欲や順応性を高め、人種間の到達度の格差を本質的・永続的に減少させるように指導を実施した。指導はいずれも八回ほどの短いものであり、大半はそれ以下の回数で済んだ。

ヘックマンは、「非認知的スキルの向上を目的とした思春期における改善策は、幼いころの逆境によるダメージをある程度は修復できる」と指摘して、この種の介入にそれとなく言及しながらも、そうした対策が公平性と効率性とのトレードオフに直面するとしている。こうした思春期の子供の非認知的スキルを育てる短期的な介入は、幼少期の問題のある体験を消し去れるとは言えないが、恵まれている思春期と恵まれていない思春期との学力差を狭めるには大きな効果がある。そして、それまでゆたかな体験をしてこなかった生徒たちのためになる。じつのところ、最低の生活をしている生徒にもっとも効果がある。つまり、幼少期をすぎてからの非認知的要素への介入は、驚くべき効率ですばらしい成果をもたらしうるのだ。

思春期を対象とした介入の成功は、特定の非認知的要素に集中したことと、その根底にある信念によるものだった――心理学的理論に基づく知識だ。そうした心理学的な的確さは、幼少期の介入のすべての面に取り入れられる必要がある。たとえば、私と同僚らは最近になって、心理学的理論に由来する仮説を実験し、母親が赤ちゃんをどのように誉めるかを観察すれば、その子が五年後に物事に挑戦する意欲をどれほど持っているかを予想できることを発見した。ヘックマンが論じている幼少期の干渉は画期的ではあるが、非常に大掛かりで、一点に集中したものではない。たとえば、アベセダリアンプロジェクトでは、全日の介入が生後四カ月ごろから五歳まで通年で継続された。長時間の訪問保育が実施された介入もあった。大きな規模で実行可能な幼少期の介入のためには、もっと効率的なプログラムが必要だ――決め手となる要素を特定して、それらに集中する必要があるのだ。

社会の未来のために幼少期の介入はきわめて重要だが、同時に、もっと年嵩の子供や思春期の子供を対象にした、集中的で心理学的な効果をもたらす介入もまた重要である。私たちの目標は、持つ者と持たざる者とを決めてしまわないように、心理学的研究を利用して、すべての介入をできるかぎり効率的かつ有効なものとすることであるべきだ。

Forum: David Deming

質の違いよりすべての子がプログラムを受けられることが大事

デヴィッド・デミング
ハーヴァード大学教育学部大学院教育学および経済学准教授

不平等の根源は幼いころにあり、したがって、社会政策は幼少期への介入に大きくシフトするべきだという強い主張がある。

幼少期の教育に費用をかけることは見返りが大きく、この時期の教育に対する支出を大幅に増やせば、それによる利益はかかる費用を上回る可能性が高いというジェームズ・ヘックマンの主張に、私は賛成する。理想の世界では、すべての子供が質の高い教育プログラムを受けられる。だが現実には、財源が不足していて、公的資金の最善の使途を決めるという難しい判断をしなければならない。鍵となるのは、教師の教育要件（そして給料）

を高くするなどの方針を通じてプログラムの質を向上させるのに金を使うか、現状のままでより多くの子供を対象とするか、いずれを選択するかだ。私が懸念しているのは、より多くの恵まれない子供たちがプログラムの恩恵を受けることが、投資に対してより大きな利益をもたらすと、すべての証拠が示しているのに、これまで研究者や政策立案者がプログラムの質の向上にばかり注意を集中しすぎてきたことだ。

幼少期の教育の長期的な恩恵は、そうした教育的介入がもっとも助けを必要としている子供たちに対して実施され、彼らの深刻な状況を変化させるときに、最大の効果を生みだす。ペリー就学前プロジェクトでは、対象となる子供は親の学歴とベースラインIQの低さに基づいて選ばれた。高校を卒業した親は一七パーセントだけだった。研究対象となった子供のIQはいずれも七〇から八五のあいだであり、これは当時のミシガン州の分類では「教育可能と精神的欠陥とのボーダーライン上にある」とされる値だった。被験者となった子供の約半数は、二年間にわたって総計で約一五カ月のあいだ、平日午前中の集団教育と週に一度の家庭訪問を受け、残りの約半数はなんの指導も受けない対照グループとされた。ヘックマンが書いているように、子供たちが四〇歳になった時点で、幼少期に教育を受けたグループは学歴や年収で対照グループに勝り、犯罪者になる確率が低く、生活保護を受けている者は少なかった。

これをヘッドスタート影響研究（ＨＳＩＳ）の結果など最近になって得られた証拠とくらべてみよう――ヘッドスタートは成績に多少の効果があったが、それは一年生が終わるころには消えてしまった。ペリー就学前プロジェクトなどの「モデル」計画と違って、ヘッドスタートの効果が短期間で消えてしまう理由として、ヘッドスタートのさまざまな欠陥が取り上げられてきたが、長年のあいだに選択肢を整えることによって改善策が重点的に検討されてきた。ＨＳＩＳでは、対照グループの四歳児の約五〇パーセントと三歳児の八六パーセントが、幼稚園に入る前に少なくとも一年間にわたって施設（多くの場合、場所は他のヘッドスタート・センター）での保育指導に参加した。対照グループの三歳児の半数は単純に一年間待ってから、四歳時点でヘッドスタートに参加した。

ＨＳＩＳがあきらかにしたのは、ヘッドスタートがテストの成績になんの影響ももたらさないことではなく、全国的に実施された他の施設プログラムと比較してテストの成績を上昇させなかったということだ。これは、ヘッドスタートの効果に関する議論でしばしば見過ごされている重要な点である。利用可能な各選択肢の質が向上するにつれて、どんなプログラムも（ヘッドスタートも含めて）効果が小さくなる。良質のプログラムが数多くある環境では、そのなかで抜きんでるのは難しい。

手に入る最良の証拠からして、妥当な品質のなんらかの施設プログラムを受けられることは、プログラム間の質の違いよりもはるかに重要だ。これは、すべてのプログラムが同等だという意味ではないし、プログラムの質は関係ないという意味でもない。だが、限りある公的財源は、すべての恵まれない子供に届くことを第一に考えて使われるべきである。

このことはヘッドスタート事業の大幅な拡充によって達成できると考えられるが、現状では予算縮小のせいで、貧しい子供の約六〇パーセントにしか届いていない。もう一つのアプローチは、親が自分で選択した就学前プログラムを子供に受けさせることを希望する低所得世帯に対して、所得制限のある奨学金を提供する方法であり、大学進学のためのペル奨学金［訳注：連邦政府による低所得層向けの給付奨学金。提案した議員の名前に由来する］のような方法だ。いずれにしても、質が低下しないようなステップを講じる必要があり、政策立案者たちは、情報公開やモニタリングを進めるといったコスト的にニュートラルな政策を通じて、プログラムの質の向上を追求していくべきである。

プログラムの質の向上のために税金を使うのは価値があることかもしれないが、経済格差の是正に大きな効果は期待できないだろう。有意義な「事前分配」を期待できる最善の策は、貧困層の子供たちのために、ゆたかで刺激に満ちた環境という偉大なる贈り物を手にする道が閉ざされないようにすることなのだ。

Forum: Neal McCluskey

ペリー就学前プロジェクトの成果は比較的小さい

ニール・マクラスキー
ケイトー研究所教育的自由センター副所長

ジェームズ・ヘックマンは正しい。成功するための能力は遺伝子だけで決定されるのではなく、幼少期のプログラムのなかには、永続的で肯定的な効果をもたらすものがある。ただし、そうした効果は必ずしも大きいとはかぎらないし、効果のほどをどのようにして測るかは、答えがまだわからない重大な問いだ。

数々の研究から、子供が成功するかしないかに影響を及ぼすのは遺伝子だけではないとあきらかにされている。たとえばデヴィッド・アーマーの研究によれば、乳幼児期の栄養状態や認知機能への刺激、兄弟姉妹の数といった要素が子供のＩＱに著しい影響を与えるという。また、『ベル曲線』の共著者であるチャールズ・マレーでさえ、「おそらく、子供の知的水準を平均よりはるか下から、少し下へ移動させることは可能だろう」としている。とはいえ、彼の関心は、「それ以上が可能だと示したプロジェクトがどこかにあると主張する者が誰もいない」ことにあった。

このことは、私たちをつぎのような核心となる問いへ導く。決定的に重要な源泉に十分にアクセスできない環境に「偶然にも生まれついた」子供たちのために、生きる道筋を最大限に広げるには、なにができるのか？

ヘックマンはおもにペリー就学前プロジェクトとアベセダリアンプロジェクトの二つを根拠として、幼少期の介入が長く続く肯定的な影響をもたらせると説明している。だが、その影響は、対照グループとの比較ではなく絶対的な意味で効果をもたらすものなのか、そして大規模に再現できるのだろうか？

ペリー就学前プロジェクトは長期的に見てそれなりの効果をもたらしたが、その成果はとりわけすばらしいものではなかった。ヘックマンが述べているように、四〇歳になったときの追跡調査で、介入を受けたグループの二九パーセントが少なくとも二〇〇〇ドル（調査は二〇〇四年に実施）の月収を得ていた。この数字は対照グループを上回っていたものの、月収二〇〇〇ドルすなわち年収にして二万四〇〇〇ドルという額は、二〇〇四年当時の国民一人当たりの所得の約三万四〇〇〇ドルよりもかなり少ない。同じように、介入グループの二九パーセントが成人後に生活保護を受けていなかったというものの、逆に言えば七一パーセントが生活保護を受けていたわけだ。

また、ペリー就学前プロジェクトは小規模であり、かなりの費用がかかった。介入グループはわずか五八人で、彼らは平日に毎日二時間半の就学前教育を受け、週末には九〇分の教師による家庭訪問を受けた。その費用は二〇一二年の物価で計算すると一人当たり一万二五〇六ドルにのぼった。

アベセダリアンプロジェクトは全体の人数が一一一人、介入を受けたグループは五七人だった。介入は新生児期にはじまり、ミルクや衛生用品などが支援され、全日制の保育が年間を通じて提供された。

最近になって、アベセダリアンプロジェクトの被験者に対する三〇歳時点での追跡調査が実施され、その効果はペリー就学前プロジェクトに勝っていた。たとえば、介入グループの二三パーセントが四年制大学を卒業しており、これは二五歳から二九歳の全国平均である三二パーセントよりはやや低いものの、まずまずの数字だ。世帯所得については、介入グループの平均を中流クラスとしたが、金額は自己申告であり、生活保護を含んでいる。その一方で、二七パーセントが犯罪をおかしており、この数字は、大ざっぱに見積もって五パーセントほどだろうとされる全国平均をはるかに超えている。

費用はどれくらいかかったのだろう？　二〇一二年の物価で計算すると一人当たり一万七七三一ドル、言い換えれば、K12の公立学校の生徒一人当たりの平均年間経費よりも四七パーセントも多い。

このようにペリー就学前プロジェクトとアベセダリアンプロジェクトはいずれも肯定的な成果をもたらしたものの、その成果は比較的小さく、妥当性について疑問が残る。

おそらく、さらに重要なのは、そうした小さな効果でさえも、少なくとも政府による大規模な政策として実施するとなると効果を再現できないだろうという点だ。大規模に実施された幼児教育の記録——すなわちヘッドスタート——は、カリフォルニア州全土で最近になって実施された学級人数削減の試みとともに、さまざまな情報を提供してくれる。

ヘッドスタートは連邦政府による主要な幼児教育プログラムで、年間八〇億ドルもの予算が投じられている。アメリカ保健福祉省（ＨＨＳ）による最近の評価によれば、認知能力への長続きする肯定的な効果はほとんどなく、社会情動的な能力への長続きする影響は多少あるものの、それには肯定的な面と否定的な面が混在する。さらに、ヘッドスタートは広範囲な管理上の諸問題に悩まされており、連邦政府の当局は教育提供者の管理に苦戦しつつ、能力不足の教育提供者を減給処分にすることに二の足を踏んでいる。ヘッドスタートを維持しているのは、教育提供者による擁護と、その使命に対する世の中の支持だと思われる。

カリフォルニア州での学級人数削減は、財源を大きく消費するプログラムを数値で評価することの困難さを明白にしている。テネシー州が実施したＳＴＡＲプロジェクトの成功に影響を受けて、カリフォルニア州は一九九〇年代に州全体で学級定員の削減に取り組んだ。この試みは決定的な利益を得られず、その一方で優秀な教師が大幅に不足して失敗に終わった。新設したすべての学級にスタッフを供給することができなかったのだ。

小規模で濃密な幼児教育プログラムを増やそうとする国家や州の努力は、必ずと言っていいほど、同じような財源不足によって機能不全に陥るだろう。結果として、そしてまた、ペリー就学前プロジェクトやアベセダリアンプロジェクトの肯定的な成果が大きくないことからも、連邦政府や州政府は同じ轍を踏もうとするべきではない。それよりも、慈善家や公益財団や営利事業者が、幼少期の介入に関してより研究を進め、拡大するべきだ。

私的な行動が公的なものを「増強」するべきだとヘックマンは言うが、政府のプログラムと違って自由意思で財源を投じた場合は失敗すれば容易に手を引けるのだから、民間団体は単独で活動するべきだ。そうした分散化は非効率的なお役所仕事への依存を最小化する。また、資財を投じた組織が、そこで教育を提供している人々の監督者ではなく擁護者になってしまうという、非常に切実な政治的問題を避けることにもつながるだろう。

遺伝子ですべてが決定されてしまう人間などおらず、幼少期の介入が肯定的な影響をもたらせるのは明白だ。だが、どうすれば一人ひとりの子供のためになる真に効果的な介入を実現できるかは、それほど明白ではない。

Forum: Annette Lareau

学業成績や収入は大事だが、人生のすべてではない

アネット・ラロー
ペンシルヴェニア大学社会学教授

子供にとって貧困のせいで失うものは非常に大きく、それをジェームズ・ヘックマンは鋭く指摘している。すべての証拠が、誕生してから最初の数年間が重要だと示している。だが、ヘックマンは、子供の人生の可能性を形づくるうえで社会的機関が果たす役割に十分な重きを置いていない。子供に出発点を与えるのはたしかに両親だが、家族は多くの機関と接触する。保育所、公立学校、社会福祉事務所、医療保険サービス、雇用主、警察、裁判所などをはじめとして、家庭から社会へ出ていく若者は数々の機関と出会うだろう。そうした機関は、社会的価値観を教育し、分類し、規定する。

これらの機関が提供するサービスの質が、提供される側の社会階層によって異なるのは周知の事実だが、ヘックマンの論文ではほとんど言及されていない。たとえば、エリート層が通う公立学校や私立学校はそれほど裕福でない子供たちが通う学校と違って、少人数学級や高レベル授業や、大学進学準備のための幅広い科目選択などを提供するのが普通になっている。エリート層が住む郊外住宅地の学区では、生徒一人当たりの費用が、それほど裕福でない学区の二倍から三倍であることもしばしばだ。

そして、社会的機関には往々にして深刻な欠陥がある。警官が罪のない親を殴ったり、裁判所が同じ罪を犯した黒人を白人よりも重く罰したり、ソーシャルワーカーが幼い子供を持つ家庭への生活保護を不当に打ち切ったり、保育士が子供を虐待したりすることがある。データはかぎられているものの、労働者階級の親はこれらの欠陥の矢面に立たされているように思える。結果として、労働者階級の家族は中流階級の家族よりも、世の中の基盤となるこれらの社会的機関に対して不信を募らせやすくなる。

さらに、私たちが住んでいる社会では、判断基準が中流階級の育児法によって大きく影響される。服装の流行が購買力のある人々の好みで変化するように、学校もまた、到達度の基準や学力向上のための方法を定期的に変化させる。中流階級の親はそうした世の中の基準に合わせることで、わが子を有利に導く。私の研究では、学校行事の際に、労働者階級の親は不安気だったり一歩退いていたりするように見えるのに対して、中流階級の親ははるかに居心地よさそうにふるまっているとわかった。たとえば、小学校の参観日《オープンハウス》に、中流階級の親は親同士や教師たちと楽しげに語らっていた。対照的に、労働者階級の子供が通う学校での同様の催しでは、家族は静かで居心地が悪そうだった。

また、こうした機関を運営管理している専門家たちが頻繁に考えを変えるのも周知の事実だ。乳幼児のためには日課を厳しく管理する必要があると勧めたかと思えば、その一〇年後には、ゆとりのある子育てが必要だと勧めたりする。昔からずっと、中流階級の親は労働者階級の親よりも熱心に専門家の助言を守ってきた。階級が生きる上での機会《ライフ・チャンス》にもたらす格差を理解するために、ヘックマンは各機関が評価に使っている判断基準ばかりでなく、各機関が組織されているやり方にもっと注目する必要がある。

最後に、今日の中流階級の人々の子育て戦略は学業の成果に結びついているのだろうが、それに伴って生じる好ましくない結果にヘックマンは言及していない。上位中流階級に属する子供たちは、大人に対して無遠慮だったり過度な要求をしたりすることがある。エリート大学では、上位中流階級の学生はBやAマイナスの成績をつけられると評定に不満や疑問を呈することがある。

押しの強い子供は、周囲の大人がつくりだすものだ。二〇一一年に刊行した著書『不平等な子供時代』(*Unequal Childhoods*)で書いたように、幼い子供がいる家族について調査したところ、上位中流階級の子供は周囲の大人たちから権利意識についてくりかえし伝えられていた。大人たちは子供の能力を育てるためにどんなことでもするし、あなたは特別な存在だと言い聞かせる。彼らは子供の言語の発達を促進する。すると、子供は言語スキルを使って自分の好き嫌いを表明する。中流階級の一〇歳のある白人少女は自分の弟について「あの子が嫌い」と言った。その少女の母親は「わかってるわ」と応えた。中流階級のある黒人少女は家族旅行に出かけて、車のなかで妹と大喧嘩をした。彼女の両親は「二人を一緒に連れてくるべきじゃなかった」と深いため息をついた。

私たちが観察したところ労働者階級の家庭では子供たちはおおむね家族をもっと尊重していた。労働者階級の子供たちは兄弟姉妹と喧嘩はするものの、一般にそれほど敵意を持ちはしない。そして、一〇年後の追跡調査では、労働者階級の家族は、中流階級の家族にはない一定レベルの結びつきを維持していた。労働者階級の親は家族と毎日のように電話で話していることが多かった。また、労働者階級の若者は中流階級の若者よりも親離れしていた。中流階級の若者は学校の成績はすばらしかったが、親に強く依存していた（彼らは四八〇〇キロも離れた場所に住んでいる親にわざわざ電話して、町の反対の端まで行く道を尋ねた）。

今日のアメリカに生まれる赤ちゃんは、親がどの社会階層に属するかによって、与えられる機会が大きく異なる。だが、親の問題にばかり気を取られて、こうした不平等のパターンを生みだし助長している社会的機関の役割を軽視するのは間違いだ。そして、学業成績が収入や健康など社会でのさまざまな結果を形づくるのは確かなことだが、それが人生のすべてではない。

Forum: Lelac Almagor

良いプログラムは何が違うのかを研究し続ける必要がある

ルラック・アルマゴール
ワシントンDCのチャータースクール教師

社会的な不平等はこの世に生まれた時点から生じるのだから、公共政策は早期の効果的な介入に注目すべきだと、ジェームズ・ヘックマンは論じる。もっと後になってからの介入が思春期から成人へと歩むうちに蓄積する一連の不平等を一つひとつ矯正することを意図しているのに対して、子供が育つうえでの格差を早い段階で埋めることは――あるいは、そもそも格差が生じるのを防ぐことは――社会で生きていく子供たちに公平な出発点をもたらすだろうと言うのだ。

この考えの各構成要素は確固たるもののように思える。私が教えている学校では、入学するずっと前から働いている子供がいるのは間違いなく、そうした不利な点は、ヘックマンが言う「家庭生活の質」に少なくとも部分的にはあてはまる。ヘックマンが指摘しているように、もし家庭生活をもっと公平に分配できたなら、教育の機会や人生の成果を平等にするための後々の努力を簡単にすることができるはずだ。

だが、多くの恵まれない子供たちを指導する教師として日々の困難に直面している立場から読むと、ヘックマンの主張にはおなじみの落胆をおぼえる。彼の論文にはもっとも重要な形容詞が抜けている。効果的なプログラムをつくるにはなにが必要か、そして、それによってどれほどの効果が期待できるのか?

ヘックマンは二つの幼児教育プログラム——集中的で小規模で高費用、そして三〇年以上も前のものだ——を根拠としてあげ、参加した子供たちにしっかりした結果をもたらしたとしている。だが、それをもとにして幼少期の介入が効果的だと結論づけるのは、私が勤務する学校での実験結果を証拠として、ポロシャツを着せれば子供がより賢くなると結論づけるようなものだ。ヘッドスタートの提唱者たちがよく知っているように、介入の成果を再現することは容易ではない。

ヘッドスタートは多くの点で、ヘックマンが提唱する考えをそのまま実施したものである。一〇〇万人以上もの恵まれない就学前の子供とその家族に、無償で子育てや教育への支援を提供している。だが、四〇年間の成果を評価した研究の結果はさまざまで、子供が小学校へ入ると影響が消えてしまうとする研究もある。

ヘックマンが見本としてあげた二つのプログラムがなぜより良い結果をもたらしたのかを、私は正確に知りたい。どんな子供を選んだのか、どんな教師を雇ったのか、誰がカリキュラムを設計したのか、そしてとくに知りたいのは、それほどの成果がなかった他のプログラムとどこが違っていたのかという点だ。たとえば、家庭訪問が決定的な違いをもたらしたということはありうるのか、それとも家庭訪問を含んでいる他のプログラムも成果は不十分だったのだろうか。幼少期の介入についての一般論ではなく、こうした詳細な点が、私たちの努力をもっと効果的にするのかもしれない。

ヘックマンが述べているように、なにが幼少期の不平等をもたらす原因であり、なにがたんなる関連事項なのかを特定するのは困難だ。ひとり親による子育て、言葉かけが少ない、幼少期の逆境といった、彼が指摘している点に加えて、数世代にわたる貧困と抑圧からの長期的な影響があげられるかもしれない。不平等の影響を消すための具体的で容易なアプローチを切望しているのは理解できるが、もっとも盛んに実施されている社会的なプログラムさえも、十分に満足できないものにしてしまうような非効率性や欠陥を見過ごすわけにはいかない。それは無責任というものだ。

論文の終りの部分で、ヘックマンは恵まれない家庭にとって貴重な資源となるのは金よりも「愛情と子育て」だとしている。深刻かつ執拗な経済的・社会的な障害に直面しながら子育てに奮闘している親の近くで、この言葉をくりかえさないようにと、私は彼に助言したい（ヘックマンは、ネイティブアメリカンの居住区がカジノの開設でにわかに経済的に豊かになった「自然界における実験」にふれている。金がより多くの愛情をもたらしたと結論づけるべきだろうか?）。だが、一部の子供が理性の基盤を失い、それが家族や社会の機能不全に深く複雑に根差していると認識している点でヘックマンは正しい。

たしかに、効果的な幼少期の介入は必要であり、介入を効果的なものにするにはなにが必要かを私たちは考えなければならない。どんなプログラムが効果的か、それはなぜなのか、そして、多種多様なコミュニティに合わせてプログラムをどのように変化させるかは、結果論では許されない。それこそが第一歩であり、本当に重要な研究だ。

ただし、たとえ最高のプログラムを見つけて、費用をかけて実施したとしても、それによって機会を平等に「事前分配」できると期待はできない。異なる歴史や財産を持つ家庭に生まれた子供たちのあいだには深刻な格差が見られるだろうと、私はある程度確信している。

結果として、就学前児童のための、就学年齢の子供のための、思春期の子供のための、青少年期の若者のための、そして両親のための効果的なプログラムを開発する必要は続く。そうしたプログラムは依然として不完全にしか機能せず、苛立ちと失敗に悩まされるだろう。すばらしいと思えたアプローチがほとんど機能しない、あるいはまったく役に立たない場合もあるだろう。あらたな研究が、戦術を改定する必要を迫るだろう。進歩を示す子供がいるだろう。そうでない子供もいるだろう。埋める方法が見つかる溝もあるだろうし、見つからない溝もあるだろう。地域によって効果的なプログラムは違うだろうし、私たちはそれを見極めるために最善を尽くすだろう。

教師や子供、家族、コミュニティ、社会科学を研究する人々など、私たちの全員がこの先も手を携えてこの仕事にあたるだろうが、それは確かな見返りを期待するからではなく、やらなければならないことだからだ。

Forum: Adam Swift / Harry Brighouse

恵まれない人々の文化的価値観に配慮した介入を

アダム・スウィフト
オックスフォード大学ベリオールカレッジ政治学講師

ハリー・ブリグハウス
ウィスコンシン大学マディソン校哲学教授

幼少期に適切な体験をすることが成功を導き、実り多い幸福な人生を送るための鍵となるのだと示す数々の調査結果は説得力がある。そうした発見を社会政策に反映すべきであり、子供への集団投資の戦略を変えるべきだとの、ヘックマンの主張もまた説得力がある。幼少期により多くの財源を投じるべきであり、おそらくさらに重要なのは、高品質の介入を考案するうえで、知的資源や組織的資源を集中させる観点から、幼少期を現状よりもっと優先させることだろう。

そうした政策の実現を阻む壁はかなりのものだ。ある政党は、公的資金の提供と公共福祉への手当てを削減しようと躍起になっている。いずれも現状で大きな利害関係にある選挙民に対する配慮からだ。また、ヘックマンが示しているように、他の種類の政治的危険が存在している。幼児をめぐる政策は学校教育政策以上に、恵まれない人々の文化的脆弱性についての不安の引き金をひく。改革派は貧困の「欠如モデル」を想定して、恵まれない人々の知的能力や考え方や行動に問題を見出そうとしていると非難される。実際には、問題は、恵まれない人々の文化的価値観を尊重しないことだ。

子供に罰を与えることを例にとって考えてみよう。子供の学業成績を向上させ、楽しい人間関係を築かせるには、体罰を科したり頭ごなしに服従を強いたりするよりも、タイムアウト［訳注：子供に対するペナルティの手法の一つ。離れた場所に隔離して一定の時間を過ごさせる］を与えたり、取るべき行動を話して聞かせたりするほうがはるかに効果的だ、と改革者たちは言う。そこで、たとえばハーレム・チルドレンズ・ゾーンが主催するベビーカレッジは、若い親たちやこれから親になる若者たちに対して、彼らのコミュニティの文化的規範に反しているにもかかわらずこの戦略を教える。この方針への反対者は、そうした行為が若者たちに白人の中流階級の文化的規範を押しつけることにほかならず、貧困者を不当に扱っていると主張する。

この主張の基本的な考えは正しい。指導される側の人々にとって望ましくなかったり価値があると感じられなかったりする特定の性質や行動を教えても、効果のほどはかんばしくない。社会学者のアネット・ラロー（本書での彼女の主張を参照のこと）は、就職試験の面接の際にはしっかり握手をして相手の目を見て話すと有利だが、それは世の中の支配的文化の価値観に従っているにすぎないと指摘している。目上への尊敬を示すためには一歩さがった振る舞いが必要だと教えられている子供は、就職戦線において最初から不利なのだ。貧困層や労働者階級の子供に社会一般に通用しやすい行動を教えようと訴える改革者たちは、じつは白人の中流階級の価値観を教えこんでいるのだ。

ヘックマンをはじめとする改革者は、そうした訴えにしっかり答えなければならない。

第一に、支配的文化が好ましいとする性質や行動にもっと多様な要素を組み入れる可能性はまずないと、彼らは指摘するかもしれない。はたして、親が置かれている状況によってすでに恵まれない境遇にいる子供たちは、改革者たちが彼らの価値観を押しつけることに熱心すぎるせいで、さらに不利になってしまうだろうか？　物質的不平等が非常に大きい社会では機会均等の達成はたしかに絶対に不可能だが、支配的な文化によって重要視される行動を教えることで恵まれない子供の将来性を向上させられる場合、それをしないのは不公平だ。

さらに大切なのは、支配的な文化が重要視する特質の多くは実際に重要であるという点だ。読み書きや数学の基礎知識、自分の欲求を抑える能力、健康への配慮などは、現代ではどんな社会でも重要であり、どんな立場に置かれることになっても役に立つ。親がどんな文化に属しているかにかかわらず、貧困のなかで育つことはこうした特質の発達を妨げる傾向がある。貧困は親にストレスを与え、子供のために最善を尽くす彼らの能力を損なう。ベビーカレッジは自由参加なので、なにかを「押しつける」というには当たらないが、もし貧困層の若者の子育て能力を向上させるための、効果的な強制参加の介入が考案されれば、文化的な押しつけになってしまうかもしれないという恐れから彼らを参加させないのは間違いだろう。

ヘックマンが認めているように、親の文化的規範に反する介入は、とりわけすでに不利な状況にある彼らを悪い親だと非難することになる場合に、親たちにとって損失が大きい。ペリー就学前プロジェクトのように貧しい子供たちに人並みの教育体験を与えると評価しうるプログラムと、看護師・家族パートナーシップのような恵まれない親の価値観や行動を改革するプログラムの違いを考えてみよう。後者は、子供の人生を向上させられるなら正当化されるが、悪い親だと烙印を押すことになりかねない。

文化的規範に反する介入をうまく実施するための解決法の一つは、全員に提供することだ。各家庭に看護師や助産師を派遣することを軸とする英国のヘルスビジタープログラムは、すべてが国営医療制度（ＮＨＳ）を通じて実施されるために、介入ではなく施策と見なされている。プログラムの実施によって何人《なんぴと》も悪い親だとの烙印を押されることはなく、同時に、その普遍性がプログラムを政治的に守る。もちろん、全国的なプログラムの実施は多額の費用がかかるので、だからこそヘックマンが推奨する幼少期の介入の経済的効率性と労働生産性が非常に重要なのだ。プログラムを全国規模で実施するが、世帯収入によって経費を徴収する――英国では「漸進的普遍主義」と呼ばれるアプローチ――という

ヘックマンの提案は、現実的な方法である。

Forum: Geoffrey Canada

就学前の親への教育と「考え方を変えること」が子供たちを救う

ジェフリー・カナダ
ハーレム・チルドレンズ・ゾーンの創設者、代表者

ジェームズ・ヘックマンが論じているように、私たちは幼少期の教育にもっと財源を投じて教育制度に賢く投資しなければならない。だが、同時に、子供たちの人生のあらゆる段階のための努力を改善する必要もある。

必要とされている劇的な進歩を実現するためには、幼稚園以前にはじまって教室の外まで続く教育制度の定義を考えなおす必要がある。学校は子供たちにとって学業生活の中心であるが、貧困状態にある数百万人を発奮させ、教育し、発達させることができないでいる。私たちは数十年間にわたって麻痺状態に陥っている教育制度を大きく改革しなければ

ならない。問題はカリキュラムや教育ツールの欠如ではなく、将来的展望や政治的意志の欠落である。

脳の発達の違いが早くも生まれた最初の年にはじまることから、対策は子供たちが幼稚園へ入る以前に開始しなければならない。多くの親がすでに就学前教育を実行しているが、それを公共政策の一部分とする必要がある。その点に関して、私はヘックマンと同意見だ。子供たちへの早期教育を支持しなければ、わが国の教育制度は生徒の大部分のために、とくに貧困層の生徒たちのために任務を遂行するうえで不利な立場になるだろう。

家庭生活は子供の教育的展望に絶大な影響をもたらし、幼少期は子供の将来の学習のための土台を築く。この点についても、私はヘックマンと同意見だ。だが、一部の人々が主張するように、親を単純に非難したり無視したりすることはできない。

私が創設したハーレム・チルドレンズ・ゾーン（HCZ）には、ベビーカレッジという子育てのプログラムがあり、そこで私たちは、敬意を持って扱われた親は子育てに関する考え方を変えることに前向きになる、ということを学んだ。知識を得る前の彼らは「理解できない」赤ん坊に語りかけをしようなどとは思ってもみなかった。だが、彼らは、赤ん坊に話しかけたり、絵本を読んでやったり、歌を歌ったりすることが脳の発育を促進するのだと学ぶ。私たちが運営しているハーレムジェムズ就学前教育プログラムでは、親をそうした行動へと導き、彼らの大半はわが子の発達に積極的な役割を果たすことに熱心に取り組んでいる。

たとえ親に子供を助ける気がない、あるいは助けることができない場合でも、私たちは子供に背を向けはしない。一個の組織として教育者の集まりとして、私たちは子供が自立した成人になるのを助けるために責任を果たさなければならない。子供は私たちみんなのものなのに、現実的には社会一般の人々はそのようにふるまっていない。この事実を受け入れれば、誰もが彼らの人生の方向を変える第一歩を踏みだすことになる。

総合的なプログラムとして、ＨＣＺは問題への早期対応を旨《むね》としなければならず、さもなければ、問題解決のために後になってからはるかに多くの時間とエネルギーを投じなければならなくなるだろう。横道にそれた十代の子供を救うスーパーヒーロー的な活動は不可能ではないものの、早期対応は、失業や犯罪、望まない妊娠、薬物乱用といった教育の失敗がもたらす結果に対応するよりも有効な投資である。ただし、幼少期をすぎてからの介入も必要であると、私はヘックマンよりも強く感じている。

じつを言えば、貧困層の子供を救うための「秘訣」は、成功している公立学校の多くの周囲にある中流階級のコミュニティに目をやれば、全国どこだろうとごくあたりまえに見られる光景に隠されている。そうしたコミュニティでは、親が毎晩眠る前に幼い子供に好きな本を読んでやる。黒板の文字が見えなければ、親は子供に眼鏡を買ってやる。今晩は食事にありつけるだろうかとか、学校帰りに銃で撃たれないかなどと心配する必要はめったにない。そうした一連の、あたりまえの事実が学校を成功させるのだ。

私は教育の仕事に関わるようになってからずっと、貧困層の子供たちの状況を改善することによって、恵まれた層のコミュニティと貧困層のコミュニティのあいだに平等な場所をつくるように努力してきた。その試みが成功した場所では、子供たちが成功するのをこの目で見た。そして、幼少期への投資がのちに大きな配当をもたらすのを見てきた。今年の秋、同年代の多くの若者のように刑務所へ入るのではなく、大学へ入るＨＣＺ卒業生の数は一〇〇〇人を超える。すべての子供が学ぶことができると、私は強く信じている。この確信はけっして弱まることはなく、それどころか強まってきた。

私たちの社会が今日必要としているのは、考え方を変えることだ。この先一〇年あるいは二〇年生きる人は、必ずや私たちが子供たちに対する責任を放棄した結果を自分の目で確かめることになるだろう。小学校で横道にそれてしまった子供たちは、思いがけない幸運にでも出会わないかぎり、高度のスキルを必要とする労働市場でなんのスキルも持たないやっかいな立場に立たされる。そして、落ちこぼれと無職が犯罪行動へつながることがあるのは周知の事実だ。すでに、軍への入隊条件を満たしているのは志願者の二五パーセントしかいないと報告されている。私たちが子供に目を向けないことは有害であり、教育でも健康でも世界におけるわが国の立場を維持する能力でも、現状より劣る世代を生みだすだろう。

もし、貧困層も含めてすべての子供が学ぶことができれば、私たち全員がこんなばつの悪い疑問を感じることだろう。この国からこんなにたくさんのものを与えられたのだから、アメリカの伝統が末永く続くようにできることはなんでもしようと思うのが本当ではないのか？

パート Ⅲ

ライフサイクルを支援する

ジェームズ・J・ヘックマン

ご意見をくださった方々に心より感謝申しあげる。各氏よりいただいた興味深いご指摘はきわめて貴重だ。

私の分析はライフサイクルの観点に着目したものだ。人生のさまざまな側面で成功や失敗を生みだす多様なスキルの根源について考えているのだ。そして、家族への投資と社会環境がライフサイクルを通じて蓄積的な利益と不利益を生みだす結果の数々を分析している。スキルがスキルを生みだす。学業や仕事など人生のさまざまな面で成功を得るために役立つ能力や意欲などの性格特性を築くうえで、幼少期はきわめて重要だ。環境と投資は、人生を通じてスキルを生みだすうえで大きな違いをもたらすが、とりわけ誕生から五歳までの時期に効果が著しい。

認知的スキルは一一歳ごろまでに基盤が固まる。性格は二十代半ばまで変化の可能性がある。これは、物事を判断したり決定したりすることをつかさどる脳の前頭前野がゆっくり発達するためである。こうした生物学や生理学の基本的事実は、思春期の子供を対象にした性格的なスキルの改善に注目した矯正戦略が成功する理由を説明している。私は、三〇年以上の追跡調査をした効果的な幼少期の介入から証拠を引きだしている。各プログラムは厳しく評価され、通常年の株式市場と競うほどの利益対コスト比や収益率を示す。

幼少期が重要である点と、子供が成長するうえで家族が重要な役割を果たすという点については、全員の意見が一致している。ルラック・アルマゴールとキャロル・ドウェックは、どんな要素が介入を成功に導くのか明確にすることが役立つとしている。言いかえれば、プログラムによる治療効果の「ブラックボックスを検討する」ということだ。これには私も同感だ。ペリー就学前プロジェクトの本当の効果は参加者たちの性格特性の向上によるものだと立証することによって、私たちはそれを実践してきた。次世代の介入研究はその効果を報告することを超えて、どんな介入がどのようなメカニズムで測定可能な効果を生みだすのかを理解することが必要とされている。

チャールズ・マレーは幼少期の教育介入プログラムの効果についての証拠の品質を誤解している。そのために、マレーは私の示した証拠が非常に選択的だと主張するのだ。私が報告した介入プログラムの効果については、これまで厳密な評価が実施されてきた。そうした実証は、もともとのプログラムの設計にも立案にもかかわっていない、独立した分析者によって実施された。また、サンプル数の少なさは、プログラムの効果を発見するのを妨げる働きをするものであり、発見された統計的に有意な効果からすればはるかに小さなものだ。

幼少期の介入は結果が出るものと出ないものがあるので効果のほどが疑わしいとマレーは疑問を投じる。そういった方法論的なスタンスはおかしい。血圧を下げる薬の効果を評価するとき、私たちは失敗から学ぼうとはするが、失敗したからといって立ち止まりはしない。私たちは成功を追求するべきだ。それが良識であり健全な科学である。ペリー就学前プロジェクトとアベセダリアンプロジェクトは厳密に評価され、長期的に追跡調査され、経済的に高い収益率を示した。ペリー就学前プロジェクトは費用が高く恩恵が少ないという、ニール・マクラスキーの主張は成り立たない。ペリー就学前プロジェクトが示した高い収益率は、プログラムにかかった費用を含んでのことだ。

マレーは議論を展開するうえで、幼児の健康と発達のプログラム（ＩＨＤＰ）から間違った証拠を使っている。ＩＨＤＰはアベセダリアンプロジェクトの再現ではなく、アベセダリアンのモデルをこのプロジェクトが対象にしなかった低出生体重児に適用したものだといえる。ＩＨＤＰの設計者たちは、データを収集する以前に、医学的対応が必要になるほど深刻な低体重で生まれた子供たちがアベセダリアンのカリキュラムの対象にならないことを確認した。ＩＨＤＰは八歳および一八歳になった時点で、高出生体重児にかなりの利益をもたらした。その効果は世帯収入が低い家庭でもっとも顕著であり、母親の就労を促進する効果も見られた。

さらに、ＩＨＤＰに対する（マレーによる）評価も、ヘッドスタートに対する（アルマゴールおよびマクラスキーによる）評価も、これらの（そして他の）研究において対照グループの子供の多くが別の幼児教育プログラムに参加しており、介入を受けたグループと対照グループとの単純な比較に下方のバイアスをかけている（これは論文中では「代替バイアス」と呼ばれる）という、デヴィッド・デミングの指摘を考慮に入れていない。そのうえ、これらのプログラムについても他のプログラムについても言えることだが、介入がどこに重点を置いているかが対象者ごとに異なることもさらなる問題となっている。これらのバイアスを調整することで、プログラムによる介入の効果をより正確に見積もれる。また、ヘッドスタートは対象が広範囲なせいで異質性の非常に高いプログラムであり、長期的な追跡調査は実施されていない。そのため、このプログラムの評価は、ペリー就学前プロジェクトやアベセダリアンプロジェクトとは比較できない。

保育の提供が幼少期の教育プログラムの利益の一つであるとする、ロビン・ウェストの意見は正しい。保育を提供することによって、母親は働いたり教育を受けたりキャリアを向上させたりする自由を得る。ただし、保育の質が重要である。子供たちを一室に閉じこめて質の悪い全日保育を施せば、かえって害になりかねない。

ウェストやジェフリー・カナダ、ハリー・ブリグハウス、アダム・スウィフトが言っているように、親への介入は彼らの就労や教育を促進する。また、直接的な指示を通じて、そして家計資産を増加させることによって、子育ての質に長期的な向上をもたらす。

性格的スキルに着目した思春期への介入もまた、利益をもたらしたと思われる。職業訓練プログラムが性格的スキルを育てうるとしたマイク・ローズに、私も賛成する。だが、そうしたプログラムについて長期的な追跡調査により厳密な評価が実施された例はほとんどない。入手できる証拠はあまりないが、その手のプログラムの収益率は幼少期の収益率よりもかなり低いとされている。

思春期に着目したプログラムのなかで、GEDは例外的に長期間の追跡調査が実施されている。それによれば、GEDプログラムが性格的スキルの欠陥を正さないために、人口統計上のほぼすべての層でGED取得者の結果が芳しくないことがあきらかだ。

ペリー就学前プロジェクトに匹敵する利益をもたらす、効果的な思春期向けプログラムが存在するという、ドウェックの主張が正しければいいと思う。それについての判断はまだ下されていない。彼女のプログラムに関しての長期的で厳密な評価はないし、費用便益分析や収益率も計算されていない。相乗作用により、思春期の介入の効果は、彼女のプログラムのなかでは、スキルのより高い参加者のほうがより大きくなるのではなかろうか。したがって、思春期の介入と幼少期の介入はたがいに対抗するものではなく、補完的なものだというカナダの意見に私は賛成する。

ブリグハウスとスウィフトとアネット・ラローは文化相対主義を持ちだして、集団間の文化的価値観の相違について語っている。私がすべての子供たちに共通のパターンを押しつけようとしていると、彼らは暗に示唆している。彼らの議論は的外れだ。一連のもっとも重要な認知的特質や性格的特質は、文化を超えて普遍的に価値があるものだ。それらの特質は、自主性や尊厳や人間の繁栄を促進する。そして、人々がなりたい自分になる力を与えるものであって、特定の選択を押しつけたり、違う生き方に適応するよう迫ったりするものではない。私がこの論文で取りあげた厳密に評価されたプログラム（ペリー就学前プロジェクトとアベセダリアンプロジェクトも含めて）は自発的に参加するものであり、烙印を押すものではない。そして、親や子供に、選択肢や情報や補足的な助力を提供する。これらのプログラムは家族の尊厳を尊重するとともに、多くの家族が直面している困難に配慮している。

解説
就学前教育の重要性と日本における本書の意義

大阪大学大学院経済学研究科教授
大竹文雄

就学前教育の重要性

公的投資は、収益率が低いものだと多くの人が思っているのではないだろうか。しかし、本書の結果からわかることは、就学前の幼児教育という形で公的投資をすることは、非常に収益率が高いということである。就学前教育に恵まれていない貧困層の子供たちに投資することは、彼らの将来の所得を高めるだけではなく、健康も向上させることから、将来の社会保障費の軽減にもつながり、租税負担力も高めるという意味で、公平性と効率性の両方に効果があるのである。本書は、就学前の教育の効果が非常に高いことを、実証的に明らかにしたジェームズ・ヘックマン教授の研究を一般向けにコンパクトにまとめたものである。

ヘックマン教授の就学前教育の研究は、二つの重要なポイントがある。第一に、就学前教育がその後の人生に大きな影響を与えることを明らかにしたことである。第二に、就学前教育で重要なのは、ＩＱに代表される認知能力だけではなく、忍耐力、協調性、計画力といった非認知能力も重要だということである。

幼児教育と聞くと、私たちは算数や国語の早期教育をイメージしてしまう傾向がある。しかし、本書で明らかにされているのは、社会的に成功するためには、非認知能力が十分に形成されていることが重要であり、それが就学前教育で重要な点だということである。

この点は、従来の経済学で大きく欠けていた視点である。教育の中身として経済学者が伝統的に注目してきたのは、学力や学歴、あるいはＩＱといった知的な能力、つまり、認知能力だけを対象に考えてきた。つまり、小学校、中学校、高校、大学という学歴や職業訓練で所得は増えるのかというような研究に経済学者は集中してきた。

ということは、リーダーシップ、忍耐力、協調性、やる気といった非認知能力がどのような影響を与えるかという教育の大事な部分は、経済学者の研究対象とされてこなかったことを意味する。

非認知能力の重要性

ところが、経済学者以外の人にとってみれば、教育の役割と言えば、認知能力を高めて高所得を得られるようになるというのは一部であり、非認知能力を育てるということのほうが大きいのではないか。例えば教育基本法を見ても、「豊かな人生を送ることができるよう」に教育を受けるとは書いてあるが、「お金もうけができるように」とは書いてない。

教育基本法には、「個人の尊厳を重んじ、真理と正義を希求し、公共の精神を尊び、豊かな人間性と創造性を備えた人間の育成を期するとともに、伝統を継承し、新しい文化の創造を目指す教育を推進する」と、教育の目的が書かれている。第一条にも、教育は人格の完成を目指すとか、平和で民主的な国家及び社会の形成者として必要な資質を備えた健康な国民の育成をするということが目的に掲げてあって、伝統的な経済学が対象としているような、教育の金銭的な収益を高めることが目的とは書かれていない。

ヘックマン教授も本書で言及しているように、就学前教育の効果は狭い意味の所得の上昇に貢献するだけではなく、広い意味の社会的成功や健康にも貢献する。ヘックマン教授の研究によれば、社会的な成功に与えるのは、認知能力だけではなく、非認知能力も同程度重要だという。別の研究でもこのことは確認されている。Moffitt et al.(2011) の研究では、自制力が高かった子供と低かった子供では、大人になってからの健康度や経済力がどの程度異なるかを三〇年間の追跡調査で明らかにしている。自制力が高かった子供は大人になっても健康度が高いという。子供の頃の自制力は、経済的にも相関がある。自制力が高かった子供を見ると、三〇年後の社会的地位、所得、財務計画性が高い。

教育効果の計測の難しさ

労働経済学の分野では、教育の投資効果に関する研究が、これまで多くの研究者によって行われてきた。教育学者の教育に対するアプローチの仕方とは異なり、労働経済学者は教育を個人の所得や労働生産性を伸ばすための「投資」として捉える。どのような教育投資をすれば、効果的に所得や労働生産性を上げることができるかが、労働経済学者の関心事だ。中でも多くの研究者が興味を持って行ってきたのが、若年失業者を対象とした職業訓練に対する教育投資の研究だった。その結果わかってきたことは、「失業者訓練は、教育にかけた公的なコストに比べて、得られる効果はそれほど大きなものではない」というものだった。全く効果がないわけではないのだが、投資額に見合うだけの経済的利益がなく、費用対効果が悪いのだ。

教育訓練の効果を正確に計測することは意外に難しい。教育を受けた人と受けなかった人を比べて、その後の所得の違いを比較するだけではダメだからだ。それは、人びとの能力や好みが多様であることに起因している。教育を受けた人は、教育を受けることが自分にとって好ましいから受けているのに対し、教育を受けなかった人は、自分にとって好ましくないか、好ましかったけれども経済環境が悪くて受けられなかった人たちだ。つまり、教育を受けた人と受けなかった人は、さまざまな意味で異なっている。単純化すれば、教育を受けたほうが得になる人が教育を受け、得にならない人が教育を受けていない。両者のグループを比較して教育の効果を測定することは意味がない。ある人にとって、意味のある教育の効果は、その人が教育を受けると、どれだけ所得が高まるか、幸福度が増すか、ということだ。そのためには、教育を受けた人にとっては、同じ人が教育を受けなかったとしたらどんな人生だったかということと比較する必要がある。

人間社会の現実のデータは、すべて人びとが自発的に選んだ結果によってなりたっている。マウスを使った生物学の実験では、このようなデータを用いることはない。人間がランダムにマウスを二つのグループに分けて、片方のグループだけを異なる環境で飼育したり、薬品を投与して、そうしなかった対照グループと比較して、環境や薬品の影響を調べるのだ。決して、マウスにどちらのグループに属するかを自発的に決めさせているわけではない。

成人の職業訓練の非効率さと就学前教育

二〇〇〇年にヘックマン教授はノーベル経済学賞を受賞した。授賞理由は、人びとが自発的にさまざまな選択をした結果から得られる現実のデータを用いた場合に、自発的選択によって生じる計測の歪みを修正する方法をヘックマン教授が開発したことである。ヘックマン教授が、成人への職業訓練の効果が非常に小さいと判断したのは、そうした分析手法を駆使した結果である。

職業訓練と似た知見は、学校教育の効果でも得られている。アメリカではマイノリティの経済的貧困が社会問題となっているが、なぜ所得格差が起こるかを分析すると、「学歴の違い」が大きな要因として浮かび上がってきた。そこでアメリカでは、マイノリティの大学進学率を高めるために、過去にさまざまな補助政策が行われてきたが、その効果が小さいこともヘックマン教授らの研究で明らかにされてきた。では大学段階で教育投資をするのが遅いのなら、いつの段階で公的な教育支援をすれば、所得格差の縮小につながるのか。

ヘックマン教授は、所得階層別の学力差はすでに六歳の就学時点からついていることを明らかにする。所得階層別の学力差の原因は、子供たちの就学前の時点にあるということだ。

そこで、ヘックマン教授は、就学前の子供たちの教育の違いがもたらす長期的な影響について一連の研究を行った。その結果、「就学後の教育の効率性を決めるのは、就学前の教育にある」とする結果を得たのである。研究結果は、大きな影響をもち、経済学の専門学術雑誌だけではなく、『サイエンス』や『米国科学アカデミー紀要』といった自然科学の一流学術誌にも発表された（Heckman (2006, 2007), Knudsen et al. (2006)）。

ヘックマン教授は「恵まれない家庭に育ってきた子供たちの経済状態や生活の質を高めるには、幼少期の教育が重要である」と主張している。彼が研究で主に用いているのは、一九六〇年代にアメリカで行われたペリー就学前プロジェクトの実験結果である。

ペリー就学前プロジェクト

ペリー就学前プロジェクトとは、経済的に恵まれない三歳から四歳のアフリカ系アメリカ人の子供たちを対象に、毎日平日の午前中は学校で教育を施し、週に一度午後に先生が家庭訪問をして指導にあたるというものだった。この就学前教育は、二年間ほど続けられた。そして就学前教育の終了後、この実験の被験者となった子供たちと、就学前教育を受けなかった同じような経済的境遇にある子供たちとの間では、その後の経済状況や生活の質にどのような違いが起きるのかについて、約四〇年間にわたって追跡調査が行われた。

実は、一〇歳の時点では、就学前教育を受けたグループと受けなかったグループの間には、IQの差は観察されなかった。しかし、四〇歳になった時点で比較したところ、就学前の教育の介入を受けたグループは比較対照グループと比べて、高校卒業率や持ち家率、平均所得が高く、また婚外子を持つ比率や生活保護受給率、逮捕者率が低いという結果が出たのである。

また、所得や労働生産性の向上、生活保護費の低減など、就学前教育を行ったことによる社会全体の投資収益率を調べると、一五〜一七%という非常に高い数値が出た。つまり一万ドルの投資に対して、一五〇〇ドルから一七〇〇ドルのリターンが返ってくるほど、就学前の教育は、投資効果が高いものなのだ。これは通常の公共投資ではあり得ないほどの高い投資収益率である。

こうしたペリー就学前プロジェクトの実験結果を、ヘックマン教授は脳科学の知見と結びつけながら分析している。就学前教育を受けた子供たちの間で顕著だったのは、学習意欲の伸びだった。一方で子供たちのＩＱを高める効果は、小さいことが明らかになっている。高所得を得たり、社会的に成功したりするには、ＩＱなどの認知能力と、学習意欲や労働意欲、努力や忍耐などの非認知能力の両方が必要になるが、ペリー就学前プロジェクトは、子供たちの非認知能力を高めることに貢献したことを意味する。

最新の脳科学の研究成果によれば、「三歳以下で一定の期間眼帯をしていると弱視になる」など、さまざまな能力の発達には敏感期が存在することが示されている。ちなみに三、四歳を対象とした就学前教育であったペリー就学前プロジェクトは、子供たちのＩＱを高める効果は小さかったが、生後四カ月からの介入を行った別の介入実験であるアベセダリアンプロジェクトでは、子供たちのＩＱが高まったという結果が示されている。

このような脳科学の知見も用いて、ヘックマン教授は、三、四歳の時期に適切な教育を受けずに敏感期を過ぎてしまった子供は、教育投資の効果が小さくなり、学習意欲を高めることは難しく、効果は限定的なものになると考えている。逆に言えば、非認知能力が大きく発達する就学前の時期に、その発達を促す教育をすることが重要で、その発達がその後の教育の効率性を高め、社会的な成功につながるのである。

そして、教育を受ける機会が少ない経済的に恵まれない子供たちに対して、就学前から公的な教育支援を行い、その後も支援を続けることが望ましいと主張する。「恵まれない境遇にいる子供たちへの教育投資は、公平性と効率性を同時に促進する稀な公共政策である」と彼は述べるのだ。

日本におけるヘックマン教授の研究の意味

「就学前教育に対して、もっと公的な支援をするべき」というヘックマンの主張に対して、日本の教育関係者はどのような感想を抱かれるだろうか。

「日本の子供の場合は、約九五％が幼稚園や保育所に通っており、すでに一定の就学前教育を受けている。貧困層と中上流層の間での就学前の教育機会の格差が激しいアメリカとは、事情が異なる」という反論をよく聞く。しかし、現在の日本では、子供の貧困はよその国のことだとは言えない状況にある。

相対的貧困率と呼ばれる貧困指標がある。所得が低い方から順番に並べてちょうど五〇％目の人の所得（中位所得）の半分以下の所得しかない人が全人口の何％かという指標である。二〇一二年の『国民生活基礎調査』から算出された日本の相対的貧困率は一六・一％であり、一七歳以下の子供の貧困率は一六・三％になっている。この数字は、比較的よく知られるようになってきた。しかし、政府が発表する統計では、一七歳以下の子供というひとくくりになっており、どの年齢層の子供の貧困が深刻かはあまり知られていない。

大竹・小原（二〇一一）は、『全国消費実態調査』をもとに、五歳刻みの年齢階級別貧困率を計測した。その結果、二〇〇〇年代になって、貧困率が一番高い年齢層は、五歳未満の子供たちであることが明らかにされた。一九八〇年代では、年齢別の貧困率でもっとも高かったのは、六〇歳以上の高齢層のグループだった。しかし、一九九〇年代から次第に子供の貧困率が上昇し、二〇〇〇年代に入ると、五歳未満の子供の貧困率は高齢者の貧困率を上回ったのである。子供の貧困率の上昇の背景には、その親の世代にあたる二十～三十代の貧困率が上昇していることがある。こうした傾向が顕著になってきたのは、若年の非正規雇用労働者が増加した一九九〇年代後半から二〇〇〇年代に入ってからのことである。また離婚率の上昇に伴う母子家庭の増加も、貧困率上昇の要因の一つであると考えられる。実際、一人親家庭の貧困率は、五〇%を超えている。

就学前の子供を抱えた家庭の貧困率が上昇することによって、今後は幼稚園や保育所に子供を通わせることが困難になる家庭が増えてくる恐れがある。また通園や通所をさせることができたとしても、子供に十分な家庭教育を与える余裕がない家庭は増える可能性が高い。

親の所得と子供の学力の関係が就学前から存在するというのは、アメリカだけで見られるのではないか思われる可能性がある。実は日本でも研究が既に行われている。赤林他（二〇一〇）によれば、所得階級別に中学校、小学校高学年、小学校低学年の学力テストをしたところ、算数では一番上の所得階層の子供と一番下の所得階層の子供では、やはり小学校の低学年から差がついている。算数だけではなくて、国語でも真ん中以上の所得階層ではあまり差がないが、一番下の所得階層の子供とそれ以外の所得階層の子供の国語の能力は、やはり小学校に入る前から差がついていることが示されている。

家庭の経済格差が、子供の学力格差や非認知能力の格差につながり、さらには子供が大人になってからの経済状態に重要な影響を及ぼすことが懸念される。つまり日本においてもアメリカと同様に、「教育を受ける機会が少ない経済的に恵まれない子供たちに対して、就学前から公的な教育支援を行うことの必要性」が高まっているわけだ。具体的には、貧困層に対する幼児教育の無償化や、彼らのサポートを目的とした行政予算の重点配分などが考えられる。

最近は幼児教育の重要性を根拠にして、その全面無償化を主張する声も出てきている。確かに国や自治体の財政が豊かで、お金がふんだんにあるのなら全面無償化も可能だろう。しかし今の時代は、限られた予算の中で教育、医療、福祉、環境、農業などの各分野に財政支出を行っていく必要がある。その意味では、貧困層の子供たちを優先することが大事である。現実には自治体によっては、高齢化が進行する中で、教育予算を削減して福祉関連に割り当てるところも出てきている。実際、Ohtake and Sano (2010) によれば、地方分権と税源移譲の進んだ一九九〇年代後半以降、自治体の高齢化率と教育予算の減少が連動するようになってきた。

財源が限られている以上、投資には選択と集中が求められる。そこで重要になってくるのは、ヘックマン教授の研究成果などを参考にしながら、就学前教育への支援、とりわけ貧困層への支援に対して税金を投入することが、他の公共政策と比べていかに投資効果の大きなものであるかを説明していくことが必要である。今後幼少期の教育を充実させていくためには、「幼児教育は大切だ」とやみくもに主張するだけではなく、その投資効果についてデータなどの根拠に基づいた議論を展開していくことが必要不可欠である。その意味で、ヘックマン教授の研究をコンパクトに紹介し、その主要な反論と、それらに対するヘックマン教授の再反論をまとめた本書は、福祉、教育、公共政策に関心がある人びとだけでなく、子育てに悩む人にとっても必読書である。

参考文献

赤林英夫・中村亮介・直井道生・敷島千鶴・山下絢（二〇一〇）「子どもの学力には何が関係しているか：ＪＨＰＳ子ども特別調査の分析結果から」（http://www.pdrc.keio.ac.jp/2010-009.pdf）

Heckman, James J. (2006) "Skill Formation and the Economics of Investing in Disadvantaged Children," *Science*, 312 (5782), 1900–1902.

Heckman, James J. (2007) "The Economics, Technology, and Neuroscience of Human Capability Formation," *PNAS*, 104 (33), 13250–13255.

Knudsen, Eric I., James J. Heckman, Judy L. Cameron, and Jack P. Shonkoff (2006) "Economic, Neurobiological, and Behavioral Perspectives on Building America's Future Workforce," *PNAS*, 103 (27), 10155–10162.

大竹文雄・小原美紀（二〇一一）「貧困率と所得・金融資産格差」岩井克人・瀬古美喜・翁百合編『金融危機とマクロ経済』所収、東京大学出版会、137–153ページ。

Ohtake, Fumio and Shinpei Sano (2010) "The Effects of Demographic Change on Public Education in Japan," in Takatoshi Ito and Andrew K. Rose eds., *The Economic Consequences of Demographic Change in East Asia*, University of Chicago Press.

Moffitt, Terrie E. et al. (2011) "A Gradient of Childhood Self-control Predicts Health, Wealth, and Public Safety," *PNAS*, 108 (7), 2693–2698.

アネット・ラロー

ペンシルヴェニア大学社会学教授。『不平等な子供時代：階級、人種、家庭生活』（*Unequal Childhoods: Class, Race, and Family Life*）の著者。

ルラック・アルマゴール

ワシントンDCの優秀なチャータースクールで教鞭をとる。

アダム・スウィフト

オックスフォード大学ベリオールカレッジ政治学講師。『偽善者にならない方法：道徳的に困った親のための学校選択』（*How Not to be a Hypocrite: School Choice for the Morally Perplexed Parent*）の著者。

ハリー・ブリグハウス

ウィスコンシン大学マディソン校哲学教授。『教育と学校選択と社会正義』（*On Education and School Choice and Social Choice*）の著者。

ジェフリー・カナダ

ハーレム・チルドレンズ・ゾーンの創設者、代表者。『拳、棒きれ、ナイフ、銃、そして一人前に成長する』（*Fist Stick Knife Gun and Reaching Up for Manhood*）の著者。

［寄稿者略歴］

ジェームズ・J・ヘックマン（著者）

ノーベル経済学賞受賞者。シカゴ大学ヘンリー・シュルツ特別待遇経済学教授。本文の記事は「学校、スキル、そして神経細胞《シナプス》」（“Schools, Skills, and Synapses”）と題した彼の論文に基づいている。

マイク・ローズ

カリフォルニア大学ロサンゼルス校大学院教育・情報学部教授。『学校へ戻れ：なぜ誰もが教育において二度目のチャンスに値するのか』（*Back to School: Why Everyone Deserves a Second Chance at Education*）の著者。

ロビン・ウェスト

ジョージタウン大学法律センター法学および哲学教授。『マリッジ、セクシュアリティ、ジェンダー』（*Marriage, Sexuality, and Gender*）の著者。

チャールズ・マレー

アメリカンエンタープライズ研究所W・H・ブレイディ研究員。近著に『階級「断絶」社会アメリカ：新上流と新下流の出現』（橘明美訳、2013年、草思社）がある。

キャロル・S・ドウェック

スタンフォード大学心理学教授。『「やればできる!」の研究：能力を開花させるマインドセットの力』（今西康子訳、2008年、草思社）の著者。

デヴィッド・デミング

ハーヴァード大学教育学部大学院教育学および経済学准教授。

ニール・マクラスキー

ケイトー研究所教育的自由センター副所長。『教室の連邦捜査官』（*Feds in the Classroom: How Big Government Corrupts, Cripples, and Compromises American Education*）の著者。

【著者紹介】
ジェームズ・J・ヘックマン（James J. Heckman）
シカゴ大学ヘンリー・シュルツ特別待遇経済学教授。
1965年コロラド大学卒業、1971年プリンストン大学でPh.D.（経済学）取得。1973年よりシカゴ大学にて教鞭を執る。1983年ジョン・ベイツ・クラーク賞受賞。2000年ノーベル経済学賞受賞。専門は労働経済学。

【解説者紹介】
大竹文雄（おおたけ　ふみお）
1961年京都府生まれ。1983年京都大学経済学部卒業、1985年大阪大学大学院経済学研究科博士前期課程修了。1985年大阪大学経済学部助手、同社会経済研究所教授などを経て、2018年より大阪大学大学院経済学研究科教授。博士（経済学）。専門は労働経済学、行動経済学。2005年日経・経済図書文化賞、2005年サントリー学芸賞、2006年エコノミスト賞（『日本の不平等』日本経済新聞社）受賞。2006年日本経済学会・石川賞、2008年日本学士院賞受賞。著書に、『経済学的思考のセンス』、『競争と公平感』、『競争社会の歩き方』（いずれも中公新書）など。

【訳者紹介】
古草秀子（ふるくさ　ひでこ）
翻訳家。
青山学院大学文学部英米文学科卒業。ロンドン大学アジア・アフリカ研究院を経て、ロンドン大学経済学院大学院で国際政治学を専攻。訳書に『エコノミック・ヒットマン』『内向型人間の時代』『病は心で治す』など多数。

幼児教育の経済学

2015年7月2日　第1刷発行
2020年4月28日　第10刷発行

著　者――ジェームズ・J・ヘックマン
訳　者――古草秀子
発行者――駒橋憲一
発行所――東洋経済新報社
〒103-8345　東京都中央区日本橋本石町1-2-1
電話＝東洋経済コールセンター　03(6386)1040
https://toyokeizai.net/

DTP…………アイランドコレクション
装　丁…………橋爪朋世
印　刷…………東港出版印刷
製　本…………積信堂
編集担当………矢作知子
Printed in Japan　ISBN 978-4-492-31463-0